飾らず、偽らず、欺かず

飾らず、偽らず、欺かず

田中伸尚
Tanaka Nobumasa

管野須賀子と伊藤野枝

岩波書店

「あたしにはまだしなければならないことが残っているらしいわ。
——どうしてもとり返しのつかないことを、どうしてもとり返すために。
——あたしはまだそれをしていない。」

——木下順二の戯曲『沖縄』の主人公・波平秀《なみひらひで》のせりふより
（岩波文庫『子午線の祀り・沖縄 他一篇』）

飾らず、偽らず、欺かず

目次

目　次

管野須賀子と伊藤野枝の主要相関図

管野須賀子 一八八一―一九一一
大阪生。新聞記者、クリスチャン、無政府主義者。大逆事件で刑死、二九歳。

宇田川文海《ぶんかい》 一八四八―一九三〇
作家。須賀子の師で『大阪朝報』の記者に紹介。

幸徳秋水 一八七一―一九一一
平民社創立者、無政府主義者。師岡千代子と離婚し、須賀子と結婚。大逆事件で刑死。

永江為政《ためまさ》 一八六一―一九二五
新聞記者出身で『大阪朝報』社長。須賀子を記者採用。クリスチャン。

堺　為子《ためこ》 一八七二―一九五九
堺利彦の後妻、須賀子の友人。

堺　利彦 一八七〇―一九三三
平民社創立者、秋水の盟友。寒村、須賀子らを『牟婁新報』に紹介。「冬の時代」をしたたかに生き延びる。

荒畑寒村 一八八七―一九八一
『牟婁新報』記者時代に須賀子を知り、結婚。堺と秋水が「先生」、大杉と盟友。終生社会主義者。

毛利柴庵《さいあん》 一八七一―一九三八
田辺『牟婁新報』社長。堺の紹介で須賀子を臨時編集長に起用。

堺　真柄《まがら》 一九〇三―一九八五
堺利彦の前妻との間の娘。野枝が顧問の日本初の女性社会主義者団体「赤瀾会」発起人の一人。須賀子の遺品を身につけてデモに参加。

平塚らいてう 一八八六―一九七一
『青鞜』創設者の中心。野枝に表現の舞台を与える。後に『青鞜』を野枝に譲る。

堀　保子 一八八三―一九二四
堺の亡妻・美知の妹。大杉の最初の妻。須賀子が頼りにした友人。大杉のフリーラブに耐えられず、離婚。

大杉　栄 一八八五―一九二三
無政府主義者。堀保子と約一〇年暮らした後、野枝と結婚。甘粕事件で虐殺さる。

野上弥生子 一八八五―一九八五
作家、野枝の友人。辻と離婚した野枝に大杉との結婚で忠告。

伊藤野枝 一八九五―一九二三
福岡生。上野高女卒。『青鞜』を舞台に活躍。無政府主義者。甘粕事件で虐殺、二八歳。

辻　潤 一八八四―一九四四
上野高女英語教員時代に野枝と恋に落ち、結婚。野枝の「師」で、ダダイスト。

渡辺政太郎 一八八五―一九一八
大杉の同志。野枝の転機の導き手の一人。

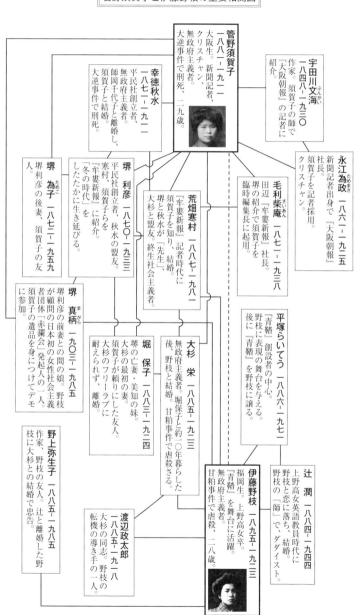

プロローグ　須賀子さん、野枝さんへ

須賀子さん、あなたが愛した和歌山・田辺の扇ヶ浜を歩いてきました。

あなたが大阪から海路で、時化《しけ》のためもあって三日もかかって初めて田辺湾の奥のこの浜の砂地に足を着けたのとほぼ同じころの一月末です。

あなたのころは真っ白だった扇ヶ浜の砂地は、一〇〇年以上の時を経て白さは薄らぎ、茶褐色の砂も混じっています。ふくらみをもった老松の帯も往時に比べれば、痩せ細ってしまったようです。浜の周囲にはさまざまなスポーツ施設や遊具が目につき、コンクリート化も進んでいます。でも大きな扇を広げたような幅の広い浜の形状はそれほど変わっていないようです。穏やかな海に向かって左斜めには遠く温泉地の白浜が、右手には自然豊かな天神崎が望めます。ゆったりした浜に立つと懐に抱かれるようで、二四歳のあなたが取材の間を縫って妹さんや荒畑寒村さんと歩いた光景にまで想像力を飛翔させてくれます。

わたしが扇ヶ浜を歩いた日は、まだ真冬の候でしたのに温暖な地らしくやわらかな陽が浜に注ぎ、海も輝いていましたが、あなたが田辺にいたころには珍しく小さな雪の舞う日もあったそうですね。そのうっすらとした雪をあなたが眼のうらに浮かべて「扇ヶ浜の雪」と書き留められたのは田辺を去って五年後、あなたの人生が切岸《きりぎし》に立たされた年の一月、凍てつく東京監獄の女監の独房でした――。

須賀子さん、あなたが二九歳の若さで明治の「大逆事件」によってただ一人の女性として国家に殺されてから一世紀以上になります。まだ一〇〇年ちょっとともいえるのですが、私たちは時の共犯者になってしまいがちで、あなたの名前さえも憶えない人たちが少なくありません。

でも須賀子さん、女性の解放と自由を求め続けたあなたの生を見つめ、記憶に留めようとする人たちもいます。最近、わたしの会った大阪の女性牧師の話をお伝えしたいと思います。

「私が管野須賀子さんの名前を知ったのは、大学院に入る少し前で、大逆事件一〇〇年に関係した新聞記事でした。天皇暗殺を謀ったとして二四人に死刑の判決が出て、わずか一週間で一二人も処刑された大事件について、私は何も知りませんでした。その中に、女性でただ一人だけ死刑になったのが管野須賀子さんだったのですが、私は彼女の名前も聞いたことがありませんでした。どうして彼女は死刑になったのだろう、彼女はどんな人で、どのように生きたのだろうと、吸い寄せられるように調べ始めました。

そうしたら須賀子さんが私と同じクリスチャンで、明治の後半に二〇歳そこそこのころから女性の人権について積極的に表現活動をしていたことを知って、とてもびっくりしたんです。一〇〇年も前に女性解放に取り組んでいた女性がいたなんて。同じ女性として非常に身近に感じ、彼女の生き方に興味が湧いたのです。ところが不思議なことに、須賀子さんはキリスト教の世界では全くと言っていいほど無視されていました。大学の図書館の女性キリスト者のコーナーにも、私が調べ始めたころには須賀子さんの関係の資料が見当たりませんでした。なんでやろうと、ますます気になったんです」

同志社大学大学院の神学研究科博士課程(前期)で歴史神学を研究していた井口智子《さとこ》さんが、こんな思いで修士論文「管野スガのキリスト教信仰——女性解放運動からの考察」を仕上げたのは二〇〇九年度でした。牧師になる前の井口さんの話をもう少し続けましょう。

「私がいろんな事情から大学の三年に編入したのは五〇歳のときでした。社会における性差別、とりわけ女性差別の問題に強い関心がありましたので、大学院ではそれに関係したテーマを研究対象にしようと、「靖国問題」を取り上げるつもりでした」

「靖国問題」がなぜ女性差別とつながるのかと思われるかもしれませんが、国のために戦って死ねる子どもを育てるのが女性の鑑のように言われた戦争の時代、靖国神社が女性たちに果たした役割は大きかったんです。「靖国の母」「靖国の妻」、時には「靖国の恋人」と言われ、積極的か消極的かは別にして女性たちも戦争を支える仕組みの中に組み込まれていました。ですから、靖国思想と女性の人権は密接なつながりがあるんです。

テーマを「靖国問題」に決めて、準備を始めたその矢先、近現代を通じて最大の思想弾圧事件である「大逆事件」が、須賀子さんが、何も知らなかった井口さんの前に「突然のように」現れたのです。でも井口さんが須賀子さんのことを出会うべくして出会った女性だと、実感するようになったのは修士論文を書き、キリスト教界でも非常に少ない女性牧師になってからだったそうです。

「須賀子さんの生きた明治の半ば過ぎから末年にかけては、日露戦争と荒れ狂った思想の弾圧が続き、その中で人間はもともと平等なんやというキリスト教信仰に支えられて彼女は、女性の解放と自由を求めて声を上げ続けました。現在でも女性が声を上げることは大変なんです。ですから彼女はすごいですよね。そして彼女の求め続けた平等、差別の問題を追っていくと、今も須賀子さんの時代とほとんど変わってへんと思いました。女性の再婚禁止期間は依然として男性と差が設けられ、夫婦別姓も制度化されないなど社会的性差意識を土台にした差別はなくなっていません。女性自身もそれに荷担しているところもあまり変わっていません。今、戦争の跫音《あしおと》が近づいていますよね。そこに須賀子さんの生を置いてみると、彼女がいっそう輝いて見えます」

須賀子さん、わたしが井口牧師のことを教えられたのは、あなたが洗礼を受けた大阪・天満《てんま》教会の春名康範牧師からでした。天満教会では毎年一一月の第一日曜日を「聖徒の日」として召天者の記念礼拝をしていますが、二〇一四年一一月のその日の礼拝では須賀子さん、あなたの名前が初めて召天者名簿に記されたんですよ。春名牧師が須賀子さんのことをいろいろ調べて、天満教会で受洗しクリスチャンとして生涯を全うしたのにこの教会の召天者として刻まれていないのはおかしいと、名簿に入れられたのです。その際に、春名牧師は同志社の後輩の井口さんの修士論文も参考にされたのです。あなたが処刑されてから一〇三年が経っていましたが、キリスト教界ではあなたのことが除《の》け者のように忘れられてきましたからとても画期的でした。

天満教会でのあなたの「復権」にはもう一つの動きがありました。それは、二〇一三年に大阪の市民ら、とくに女性が中心になって結成された「管野須賀子を顕彰し名誉回復を求める会」の後押しもあったからです。須賀子さんが生まれ、ジャーナリストとして女性の人権獲得のために筆を揮《ふる》った最初の舞台が大阪で、その地であなたの名誉を回復しようという会が生まれたのです。

ご存知と思いますが、事件に関係した他の地域、たとえばあなたが愛し続けた幸徳秋水さんの出身地の高知・中村（現・四万十《しまんと》市）や多くの被害者を出した和歌山・新宮《しんぐう》、それに岡山・井原などではずいぶん前に名誉回復のための市民運動が起き、中には名誉回復決議をした議会もあります。けれども須賀子さんについてはそうした動きはありませんでした。

それは、天皇暗殺を謀ったという国家のこしらえた「伝説」への怯《ひる》みだけではなく、あなたの生に長く纏《まと》わりついていた「妖婦伝説」なども邪魔をしていたのでしょう。そうした「伝説」からあなたを救い出し、女性の解放と自由のために真っすぐに生きた須賀子さんが国家に理不尽にも殺されてしまったということを、きちんと記憶し、それを再生していこうというのが名誉回復を求める運動なのです。これには研究者らの積み重ねによってあなたの実像や行実が見直されるようになったことも影響しています。

須賀子さん、わたしがあなたのことを今の時代の中で憶え続けなければと思うようになったのは、月刊誌『世界』の連載「大逆事件一〇〇年の道ゆき」の取材を始めた一九九七年ごろからでした。連載では、ほとんど知られていない多くの被害者や遺族、生き残った人びとの一世紀に焦点を当てて、その人たちを「逆徒」として鞭打ってきた国家とそれに同調した社会の実相を追いました。これは二〇一〇年に『大逆事件――死と生の群像』(岩波書店)という本に仕上げましたが、そこでは須賀子さんについてはほとんど触れることができませんでした。以来、わたしはあなたの生と死を書かねばならない、あなたを訪《おとな》う旅をしなければならないと想い続けてきました。

東京・代々木の正春《しょうしゅん》寺に「大逆事件の真実をあきらかにする会」によって一九七一年に建てられたあなたの記念碑があります。「くろかねの窓にさしいる日の影の移るを守りけふも暮しぬ」。碑に刻まれたあなたの獄中詠を前にし、読むたびにあなたの細い声が聴こえてきます。「まだですか」――と。

ところでわたしは、須賀子さんが理不尽かつ不条理に舞台から消されてしまった直後に登場した伊藤野枝さんのことが以前から気にかかっていました。甘粕正彦憲兵大尉ら軍部の暴力発動である国家犯罪によって夫の大杉栄さん、彼の甥の橘宗一《たちばなむねかず》ちゃんと一緒に二八歳で虐殺された野枝さんの生と闘いは、須賀子さんのそれと同じで根っこのところでは現在の女性差別への問いを含んでいるからです。

野枝さん、あなたは須賀子さんの一四年後に生まれていますが、国家の暴力によってお互いが出会う機会は奪われてしまいました。栄さんは、須賀子さんとも交流があったのですから、国家によって「大逆事件」が起こされなければ、二人はきっと出会えたはずです。あなたがた二人が現実の時間の中で会っていれば、と想像するだけで何だかわくわくしてきます。出会っていればぶつかり合っていたかもしれませんが。でもそれさえ失われてしまったのです。何とも残念で口惜しい限りです。だって野枝さんの表現の舞台へのデビューは、須賀子さんの刑死の翌年なんですから。

野枝さん、わたしはあなたの四人目の娘さんのルイさん（最初の名はルイズ。のち、留意子。ルイは通称）とたった一回だけお会いして話したことがあるんですよ。敗戦から五〇年経った一九九五年の師走のある日、初冬の風の舞う福岡でした。それから間もなくしてルイさんは、あなたの許に逝ってしまったのです。わたしはルイさんを憶う追悼集『しのぶぐさ』に一期一会のことを書きました。野枝さん、その冒頭を少し読んでみますね。


「分かりますか。一緒に行きましょうか」

「いいえ、地図を持っていますから」

ほんとうは、もっと一緒にいて、ゆっくり話をしたかった。だが、もう六時に近い。初冬の夕暮れの博多駅筑紫口は、気ぜわしい顔つきで「別れ」を促していた。〈午後からずっとだし、疲れているにちがいない。また会える、きっと〉そう言い聞かせて、ホテルまで案内を、というルイさんの申し出を遠慮した。

「いずれ、ゆっくりお話しましょうね」

別れ際、私が口にしようとしたことばをルイさんに言われてしまった。「ぜひ」。力をこめて答えた。約束のつもりで。

「それじゃあ……」。駅を背にして十歩ほど歩んで、ふと振り返ると、ルイさんはまだその場に佇んでいた。着物姿の華奢なからだを冷たい風に耐えるように。ルイさんとのたった一度の出会い、一九九五年一二月七日。

今もルイさんという名を口にすると、藍染の絣《かすり》の着物を纏った小さな彼女の姿が眼のうらに立ち上がってきます。一瞬の行き交いだったのですが、わたしには珠玉のような出会いでした。一九九六年一月にルイさんから初めて頂戴した年賀状には、「待春」と大きく書かれてありました。「おめでたいとは書けないから、思いついたことばです」と添え書きされていました。ルイさんとの再会の約束は果たされませんでした。出会ってわずか半年後の一九九六年六月に、風に吹かれるようにすうーっと去っていかれたのです。わたしはルイさんの追悼文に「「約束」、「待春」そして継承」という題をつけました。

おそらくルイさんは、あなたが遺された多くのお子さんの中で最も果敢にこの社会と向き合い、闘って生きられました。あなたの闘いを自分の流儀で継承されたのだと思います。

長くひっそりと生きてこられたルイさんを社会へ送り出したのは、一冊の本がきっかけでした。それは、わたしが最も敬愛していた作家の松下竜一さんが彼女の生涯を描いた『ルイズ――父に貰いし名は』です。一九八二年でした。今はもうなくなってしまった『週刊サンケイ』でこの本の書評を書く機会があり、ずいぶん丁寧に読んだんですよ。もちろんこの本はルイさんのことが中心ですが、随所にあなたと栄さんが国家に抗いながら個人の自由が最も大切にされる社会を目指して生き、無慚に殺されていった耐え難い事実が、多くのエピソードをまじえながら書き込まれていました。わたしがあなたのひたぶるような生を初めて知ったのがこの本だったのです。それ以来、野枝さんの存在がわたしの中に澱《おり》のように沈んでいき、折に触れてあなたが表現された作品などを読むようになりました。

でも野枝さん、あなたの生涯のパートナーだった栄さんについては、夥《おびただ》しい書が刊行され、今も全集などの出版が続いていますが、あなたについての語られ方は、栄さんと一体となったそれが多いのです。たしかに野枝さんは、栄さんの思想と行動の伴走者の面もありました。でもわたしにはそれが、栄さんなくして野枝さんが存在しないかのように扱われているように思えてずっと気になっていました。不満だったと言ってもいいかも知れません。だって野枝さん、女性の生に蔦がからまるように巻きつき、身動きできないような状態にしていた習俗や家族制度などに体当たりし、断ち切り、突き破っていったのは、栄さんではなくて、あなただったのですから。

野枝さんの行実の特徴は、明治から昭和前期にかけての天皇制国家が国に奉仕できる「良妻賢母」を作り、送り出していくための仕組みや社会の意識に身体ごとぶつかり、闘い続けたところにありました。それは、まるで須賀子さんを引き継いでいるかのようです。

野枝さんの生きぶりを知るようになって、実際には出会うことのなかったあなたと須賀子さんが、思想の自由が極端に狭められた「冬の時代」の中で、同時代を舞台にして生きた二人としてわたしの中で立ち上がってきたのです。野枝さんは須賀子さんとは、生い立ち、性格、生き方など似ているところもあれば、大きな違いもあります。でも野枝さんは、同じ舞台で須賀子さんの求めていたものを見えないバトンとして受け取ったのだと思います。

須賀子さんは、自らアナキストだと名乗った最初の女性です。国家ではなく個人の生や思想を尊重する社会に、そして女性の人権を大事にする世界に変革していくにはアナキズムだと考えるようになりました。それは凄まじい強圧の中で、身体で思惟《しい》され、そのための表現活動を必死に続けようとして、その真っただ中で生を断ち切られてしまいました。

野枝さん、あなたもアナキストを名乗りました。女性としては須賀子さんに次いで二人目でした。あなたの名乗り方はびっくりするほど堂々としていました。野枝さん、あなたは栄さんと歩み始めて、この世界を国家より個の自由を大切にするように変えていくには、天皇を頂点とする権力や権威を否定し、相互扶助によるアナキズムしかないと思うようになったのですね。それは須賀子さんと同じで、やはり大きな変革を求めた革命志向でした。底に流れているのは、他者の痛みを自分の痛みと感じる心です。しかし個よりも天皇制国家を第一とする軍部の理不尽極まりない暴力の果てに、たった二八年の生を奪われてしまいました。

松下さんの本の中に、あなたと栄さんとの間に生まれた三女の笑子《えみこ》さん（最初の名はエマ）が小学校二年生のときに、男の子から投げつけられたことばが記されてあります。

「おまえのかあちゃんは天皇陛下を殺そうとして、腹に爆弾隠して運んだんやろう」と。

このことばの礫《つぶて》は、須賀子さんに纏わりついている国家の嘘による「伝説」が、野枝さんに難なく結びつけられて二人とも「恐ろしい女」として語り伝えられている社会を表象していました。そこに「妖婦」とか「淫売」というレッテルがかぶせられ、あなたがたのひたぶるような生と国家の暴力性の実態は隠され、抑圧され、私たちは時に溶かされて憶えていなければならないことを置き去りにしてきたように思います。

須賀子さんと野枝さんの生きぶりと闘いを現在にまで射程を伸ばしていきますと、井口牧師のことばにあったようにあなたがたの求めた女性の解放と自由は今もなお未完のままで、なお課題として「あり」続けています。それどころか現在、政治権力を握っている自民党が二〇一二年に公表した日本国憲法改正草案を見ると、個人ではなく家族が社会の基礎に置かれ、家族は互いに助け合わなければならないと天皇制国家を下から支えた家族主義が持ち込まれています。家族の絆は法の力で作られるものではないのですが、国家はそこに介入しようとしています。国家に従順な子どもつくるためなんです。須賀子さんと野枝さんの時代と何も変わっていません。あなたがたが個人として生き切るために、振り解《ほど》くのに大変な思いをした束縛がこんなふうにして国家によって復活させられようとしているのです。

ところで須賀子さん、野枝さん、あなたがたは恋の世界でも、めくるめくようでとても情熱的でしたね。そのために社会からはもちろん、同志からでさえ批判され続けました。でもやはり羨ましいほどに素晴らしい恋だったと思います。だからこそ困難な闘いが続けられた、わたしはそう思っています。

野枝さんの恋はいつも燃え立つようでした。生きぶりと同じように真っすぐで熱い恋のしぶきが飛び散っていましたよ。須賀子さんは大きな病を背負い、酷い弾圧の中で辛かったでしょうが、己の心に素直でしたね。あなたが獄中で記したことばのように。——「飾らず、偽らず、欺かず」。

あなたがたはともに短い間に多くの社会批評、小説、評論、エッセイ、歌、詩などを書き残されました。書簡を別にして数えてみますと、須賀子さんの作品は七年間で長短混ぜると一七〇本を超え、野枝さんのそれは一一年間で約二五〇本に上り、栄さんとの共著や翻訳書も五冊あります。圧倒されます。

台湾を植民地にして以後、朝鮮を飲みこんで植民地帝国になった日本が、さらなる大きな戦争へ驀進していく直前の険しい時代に女性の解放と自由をひたすら求め続けた須賀子さんと野枝さん。あなたがた二人が熱い心を抱いて駆け抜けた、勇敢で、鮮やかで、しかし切ない生と、それを踏みしだいた非道の記憶を再生し、語り続けたい。「冬の時代」が再び始まっているから。

（表記などについて）

＊管野須賀子の表記については、「すが」「スガ」（戸籍名）「すが子」「須賀子」などがあるが、彼女自身が作品や書簡などで一貫して使用した通称の「須賀子」に統一した（雅号の「幽月」も）。伊藤野枝の戸籍名は「伊藤ノヱ」だが、彼女自身が使っていた「伊藤野枝」に統一した。

＊地名については、分かる範囲で括弧内に現在地を補った。

＊故人については、本文中では敬称を略した。

＊本書で使用した『管野須賀子全集全三巻』『定本　伊藤野枝全集全四巻』はそれぞれ『須賀子1、2、3』『野枝1、2、3、4』と略記した。また『伊藤野枝全集』の月報については、たとえば『野枝2』「月報②」のように表記した。なお両全集収録作品中、原典に当たれるものについてはそれに従った。

＊荒畑寒村の自伝は、大谷渡氏によれば一九四七年の板垣書店版から岩波文庫版まで五度出版され、須賀子にかんする記述に出し入れがあるという。筆者は、一九六五年の筑摩書房版の新版に拠った。

＊引用資料中の旧字、歴史的仮名遣いは、特に断らない限り、原則として新字体、現代仮名遣いに改め、また適宜送り仮名、句読点などを補った。ルビについては、適宜省略・追加した。

＊引用資料中で中略は〔中略〕、引用者が補ったことばなどは〔　〕で示した。その他は、とくに断らない限りは原文のママである。

＊引用資料中には、筆者から見て差別を助長させることば遣いがあるが、その時代と社会意識を知るうえで、そのままにした。了解をお願いしたい。

「婦人問題」は「女性問題」とせず、当時のままにした。本文中、当時の「婦人」という表記にこだわらず「女性」としたところもある。

第1章

自由を求めて

大阪天満教会前にて．中央列の右端が須賀子(1904年4月17日)．

野枝と親族たち．左から従妹の坂口キミ，野枝，長男の一，辻潤，野枝の叔母の渡辺マツ(1914年ごろ)．

1　女性ジャーナリスト管野須賀子

常識への挑戦

管野須賀子が新聞記者になったのは二一歳のときである。

新世紀に入って間もない一九〇二年七月、人口一〇〇万に向かって膨張を続けていた商都・大阪に新しい日刊紙『大阪朝報』が誕生した。創業者は、いくつかの新聞記者を経験して、新聞事業家に転身した永江為政《ためまさ》（一八六一年生まれ）である。黄色紙を使った四頁だての同紙は、「常に反対党に味方して、多数の愚説には、極力反対し、純潔なる少数の意見を代表する」と、反骨精神を編集方針に掲げていた。

『大阪朝報』創刊前のある日、東横堀川に沿った東区内本町六八番屋敷（中央区内本町の本町橋を東に渡った、東警察署の斜め前辺り）の同紙の発行元・大阪経済社に、関西文壇では知られた作家の宇田川文海《ぶんかい》（一八四八年生まれ）が一人の若い小柄な女性を伴って訪れた。記者出身の宇田川は永江と懇意であった。

「この方は、管野須賀子さんというんですが、どうしても新聞記者になって社会のために尽したいと言うんです。どうだろう、入社させてもらえないだろうか。いや、試験をしてもいい」

先輩の宇田川の頼みに、永江はちょっと渋い顔をして首を横に振った。

「うむ、そうですね。せっかくの宇田川さんの頼みですが、新聞記者は女子には向いていないんですよ。試験をするまでもありません。あきませんなあ」

取りつく島もないような口吻だった。

記者経験の豊富な永江は、その理由をいくつか挙げた。

新聞記者には、人格の高潔さ、見識の高さ、豊かな常識が不可欠で、仕事をする上では、着想力、的確な判断力、文章力、それに俊敏な動作が求められるが、婦人にはそれが欠けているというのだった。須賀子は生まれ育ちなどを綴った経歴書も持参していたが、そこには貧しさもあって教育はほとんど受けられなかったなどと正直に記していた。

「たしかに、文才のある婦人もいますが、いろんな分野で新しい着想によって広く感動を与えるような記事を書ける新聞記者には、なかなか婦人ではねえ……」

永江は婦人の最大の欠点として、感情に支配されやすく、物事を公平に判断できないなどとも言って、結局女子は記者には向かないと断わった。永江はクリスチャンだったが、婦人の能力についても、またそのころ言われるようになった男女同権にも否定的だった。

須賀子はしかし、新聞記者は女子には不向きと頭から否定する永江のことばに内心むっとしていた。

〈そんなことはない、社長は分かっていないんだわ〉

宇田川は須賀子の思いを汲んで、まあそう言わずとにかく試験だけでもと懸命に説得し、永江も先輩の熱心さに「ダメ」を押し切れなかった[1]。

女性の記者は無理とあっさり拒否された須賀子は帰宅してすぐに、女にだって新聞記者はできるという思いを伝える手紙を社長宛てに書き送った。今に残る、管野須賀子の記者志望書である。

男子のする丈の事は女子にも出来ぬ筈は無いだろうという一の信念だけは有《も》っておりましたが、

如何《どう》も日本の婦人は、数百千年来の習慣で、女子は男子のする事は出来ぬ者だと、自ら卑屈に安んじて、終って居りますが、何も女子だからともうして、人間でありますから、精神の置所一つで、決して男子に劣るとは確定はされますまい。何卒《なにとぞ》して男のするような働きをして、幾分か世の為に尽したいという希望を起こして、夫《そ》れと同時に成る可くは新聞記者に成て、其の希望を達したいと、常に考えて居りました〔後略〕

須賀子は、こう書き出してくり返すように続ける。

女子にも男子のする事の出来ぬ筈はないという信念を貫きたいという考えを起こし、〔中略〕ふつゝかな希望と、信念の一つを述る事にいたしました。若《も》し先生にして妾《わらわ》の希望を容れられ、信念を貫く事を得られますならば、〔中略〕粉骨砕身其の職を尽くし、及ばずながらいさゝかにても、朝報の光を添えると共に、先生の徳に報いようと思います。

二〇世紀に入っていたが、近代の扉が開いてまだ三五年、社会には家父長制や男尊女卑の意識が地続きのままであった。参政権はもとより、政治団体や政治集会への参加も治安警察法で禁じられていた時代に、「男にできることが女に出来ないわけがない」とくり返す須賀子の記者志望書から、既成観念や意識から解き放たれたような自由さ、壁を超えていこうとするひたむきなパッションに胸打たれる。当時、東京や大阪にあった大小、数十紙を数える新聞社の中で女性記者(当時は婦人記者)になったのは、羽仁《はに》もと子(一八七三年生まれ）や竹越竹代《たけこしたけよ》（一八七〇年生まれ）など数えるほどだった。

須賀子の永江宛ての手紙の中には、志望書だけではなく掌編小説一篇と「黄色眼鏡《おうしょく》」と題したエッセイ風の社会批評が同封されていた。

須賀子の志望書を読んだ永江は、何としてでも記者になりたいという彼女の思いに圧倒され、『大阪朝報』の紙の色を表題にしたと思われる「黄色眼鏡」のエッセイの着想と筆の運びにも感心した。新聞記者は婦人には無理と決めつけていた永江は、須賀子の情熱、文章力、センスに脱帽し、一転して彼女の採用を決めたのである。

「男にできるなら、女にもできる」の、須賀子のひた向きな思いが男中心のジャーナリズムの世界の扉をこじ開け、当時の大阪でも珍しかった婦人記者が誕生した。

『大阪朝報』創刊から一カ月した一九〇二年七月三一日付の二面に「婦人記者」の見出しで、須賀子の大阪朝報入社の顚末が掲載された。六段の紙面割り付けの四段分を使って彼女の経歴書、志望書全文、須賀子を伴って来た宇田川との面談内容、永江の持論とその撤回にいたった経緯など一切が書き込まれていた。その中で永江は「黄色眼鏡」に触れて「此の一文を見るに及んで、我輩が曩《さき》に軽蔑したる念は、忽《たちま》ち一転して、更に敬愛の情に堪えざるものあるに至れり」とまで激賞している。

女性への蔑視観についても「女史の所謂《いわゆる》男子の為し得る事にして、女子の為し得られざるはなしという其堅固なる信念は、遂に我輩をして、我輩が日本婦人に対する積日の所信を枉《ま》げしむるに至らんとす」と潔く改めるのだった。

永江を脱帽させた「黄色眼鏡」は、すでに『大阪朝報』創刊第三号（一九〇二年七月四日付）の第一面の中ほどに掲載されていた。管野須賀子が初めて書いた署名入りの原稿である。

妾《わらわ》昨日、不図《ふと》今橋なる鴻池善右衛門氏の邸前を通りかゝり「是が昔の日本一の長者、今の従五位殿の住居、旧幕時代の表面的質素を今尚そのまゝの建築、おくゆかしいと言えばおくゆかしいような気もするが、又、時世おくれと云えば時世おくれのように想いもする」と、口の中で呟きながら角に張番をして居る請願巡査の目を忍び、恐怖《こわごわ》ながら進み寄って、格子戸の隙間からソッと邸内を窺《のぞ》いて見ると第一に目に写ったのは、可憐《あわれ》鉄柵の内に幽囚《とりこ》にされて居る数羽の鶴でありります。

こう書き出した須賀子は続けて優雅な鶴は天空に自由に舞ってこそ美しいのに、娯楽のために檻に閉じ込めて、その自由を奪うのは「惨忍酷薄」で、「虐待」ではないかと問う。動物虐待防止会ができたのはこの年春である。須賀子の筆は、財力あり紳士でもある鴻池氏こそ動物虐待の悪弊を無くすために、襟を正せと迫り、さらに一歩踏み込んで締め括る。

或人《あるひと》妾が此の愚説を聞いて笑って曰く「ナニ、鴻池の鶴、動物虐待だと、それどころか、僅少の金に換えて貴重の人間の自由を買い、否、奪って、之を翫弄物《がんろうぶつ》にしている者が、世間には沢山ある」と。嗟《ああ》事此に至る、人道無視の極《きわみ》、言語道断、只流涕《りゅうてい》嘆息するのみでありります。

大阪朝報社に近く東横堀川に架かっていた今橋の鴻池邸をふと覗いた場面から書き起こした須賀子は、

檻に閉じ込められている鶴を見た場面を導入に、動物虐待を問い、最後は金で人の自由を奪って玩具にしている人道無視の社会にひたと目を据える。ここでは、金銭で人の自由を奪う実態が何なのかを書いてはいないが、須賀子の筆が向かう先を予感させる。

「黄色眼鏡」は連載になった。翌日掲載の(二)では、須賀子は自らの体験を記事にする。

明けない梅雨の雨が霏々《ひひ》と降っていた七月三日夜九時ごろだった。仕事を終えた須賀子は内本町の朝報社を出て、五キロほど北の豊崎村(現・大阪市北区豊崎町六丁目辺り)の自宅へと家路を急いでいた。袴を胸高く着け、傘をさして高足駄をかっかっと響かせて。辺りは、昼は賑わしいが、夜ともなれば人気のない、二個の街灯が周囲を照らすだけである。つい先ほどから、誰かに付けられているような気配を感じていた。高麗橋通りの三井銀行の前に差しかかったところ、突然後から抱きすくめられた。

「何するんや!」。きっとなって振り返ると、二二、三歳ぐらいの商家の手代風の若者で、小柄な須賀子に襲いかかろうとした。痴漢である。その場面を須賀子は、やや講談調で記す。

態《わざ》と落ち付き払いて「失敬な、お前は何をするッ」と鋭く云い放って、持ちたる傘を急に畳みて身がまえると同時に、満身の勇気(ありもせぬ)と憤りを両眼に籠めて屹《きっ》と彼を睨《にら》みし刹那(中略)、将《はた》人三化七《にんさんばけしち》という俗言に漏れぬあまりの醜婦なるに驚きしや、見る〳〵彼の顔色は青ざめて亦《また》もや二、三歩退くよと見る間に、早くも体を交して一目散に逃げ出しぬ。

きっとなって叫んだ彼女の特徴ある絹糸を引いたような細い声が、森閑とした夜の浪花の街に走ったろう。しかし須賀子は身に降りかかったこのおぞましい出来事を許さない。こんな「怪《け》しからぬ」ことが起きるのは男たちが、女子を馬鹿にしているからだと迫る。

婦人を侮蔑する事、尤も甚しく、常に一の翫弄物として之を覗《み》、たま〳〵正義の人の口よりして、女権拡張問題などの出づるあるも、之に耳を傾くる者少なく、僅かにこれありと見ゆるも、多くは偽善にて、公開の席上、公衆の面前に於いてのみ、堂々と正を説き、咢々《がくがく》と義を鳴らせども、一歩門外に出づれば如何、其乗れる車は急《たちま》ち魔窟、人権蹂躙所、女子の無間地獄に、彼等を送るにあらずや。〔中略〕〔女性に対する人権無視の蛮行、罪悪が〕世界最大強国たる英国と同盟して、其進歩発達を世界に誇りつゝある我日本の神国に、依然として、白昼公行せられ、而《しか》も恬《てん》として怪しむ人なきは、何等の醜体、何等の破廉恥ぞや。

男たちの狼藉に対する彼女の憤激が一気に筆を奔らせる。「満州」と朝鮮半島を目指した日本が、ロシアをにらんで英国と締結した日英同盟（一九〇二年一月）を背景にして彼女は、ナショナリズムと神国意識を重ね、男たちの意識を批判する。

須賀子の筆はしかし、そこに留まらない。こんな不埒な行為を許しているのは、実は女性の側にも問題があると同性の自覚を促す。

男子の命是従うの封建時代の弊風《へいふう》を矯《た》め、此の禽獣《きんじゅう》にひとしき奴隷の境遇を脱するの方法を講じ、以て自由を尊び、独立を重んずる欧米の婦人に恥じざらんよう勉励したまわんことを。

紙面には、この後連日のように「須賀子」、雅号の「幽月」(ときに「月」)の署名記事が載る。その後も須賀子は婦人の解放と自由を求め、男尊女卑の社会意識に向かって果敢に筆を揮っていく。彼女の筆が炎立《ほむら》つように燃え上がる場面が、すぐにやってくる。

芸妓踊り反対キャンペーン

一九〇三年、日露をめぐってジャーナリズムとそれに引っ張られた世論は、主戦論と非戦論で熱くなり始めていた。大阪では、さらに三月から南区天王寺の一帯約三三万平方メートルの敷地で開催される政府主催の第五回内国勧業博覧会で盛り上がっていた。これまで東京で三回、京都で一回開かれた内国博覧会と違って、イギリス、フランス、ドイツ、アメリカ、清国(中国)、朝鮮など一八カ国が参加し、日清戦争後に台湾を領土に組み込み、さらに朝鮮半島の支配もにらんだ帝国主義日本の高揚を告げる事実上の万国博覧会であった。実際、一五三日間の会期中に当時の大阪市の人口の五倍以上の五三〇万人(データによっては四三〇万人)が入場し、近代日本の最大のイベントになった。

当時大阪には、発行部数二〇万部近い『大阪朝日新聞』『大阪毎日新聞』といった大新聞があり、現在と同じように大きなイベントは部数拡大につながるため博覧会報道に力を入れていく。『大阪朝報』は記者も二〇人足らずの小新聞だった(須賀子は記事中で数万部と書いているが、せいぜい一、二万部ではなかったか)が、それでも大新聞に負けじと、総力を挙げて博覧会態勢を作った。一月二五日付の『大阪朝報』は第一面の社告で、印刷工場を博覧会会場近くに移転し、取材態勢の人事についても「天才無二の幽月管野君をして三の面の責任者たらしめ」と、須賀子の大抜擢を明らかにした。

女性記者の須賀子を、博覧会担当面のデスクにしたのである。おそらく永江の人事で、小さな新聞社だから可能だったのだろう。記者には女は無理と決めつけていた永江に、褒めすぎとはいえ「天才無二」とまで言わせたのは、須賀子の力強い筆とセンスを高く評価し、期待が大きかったからだろう。須賀子は三面の責任者になったことについての思いをどこにも書いていないが、自信を持ったに違いない。

このころの新聞には、写真の掲載はないが、絵入り紙面がしばしば登場する。一九〇三年三月六日付『大阪朝報』二面には、博覧会会場の北西辺りに設けられた臨時出張所内の絵が掲載され、その中ほどに編集局内の様子が描かれている。八人の記者が筆を持ち、煙草を吹かし、あるいは資料を見ている興味深い光景が描かれている。絵のほぼ中央辺りで、筆を持って書いている女性がたぶん須賀子であろう(図参照)。須賀子は、自らの容貌について「人三化七」などと書いているので、読者も気になっただろうが、掲載されている絵を見てなかなかどうしてと思ったのではないか。

第五回内国勧業博覧会について、わたしには「人類館事件」の起きた博覧会として衝撃的な記憶があった。それは、二〇一〇年に亡くなったアイヌ民族のチカップ美恵子から厳しいことばで、「北海道アイヌなど世界の原住民族を見世物として陳列された民族差別の大事件があった博覧会」と教えられていたからだ。彼女は、当時出回った写真を基にした絵葉書を見せて「ほら、こんなふうに私たちの祖父母が陳列されたんですよ」と。そこには、北海道アイヌ、琉球、朝鮮民族らが写っていた。

「人類館」は、人類学会の創始者の坪井正五郎が関与し、博覧会会場の正門前に設けられた民間パビリオンで、一一民族二一人が「陳列」される予定だったという。抗議が相次ぎ、中国、朝鮮、琉球民族については中止になった。「だけど、アイヌ民族らの「陳列」は行われたのよ」。怒りと哀しみでゆがんだようなチカップの表情が今も眼のうらに残る。

須賀子の博覧会への関心はしかし、帝国意識をむき出しにした民族差別の「人類館」へは向いていなかった。自動車、冷蔵庫、エレベーターといった当時の人びとに科学技術の夢を持たせるような展示物などでもなかった。

博覧会は三月から仮開場されるが、正式な開場は明治天皇の来場が予定されていた四月二〇日だった。天皇出席の博覧会を盛り上げるためにいくつかのイベントが協賛会によって企画されていた。その一つが曽根崎新地など市内の四つの遊郭から芸妓を集めた「浪花踊り」(芸妓演舞、また手踊りとも言われた)だった。須賀子はそれを知るやすぐに批判の筆を執った。第一弾が二月二四日付の二本の記事である。うち一本は「諸君、博覧会は馬鹿者の遊び場でしょうか」と、須賀子記者は挑発するかのように問いかけ、「浪花踊り」企画への全面攻撃を始めた。

云う迄《まで》も無く我々は之を見、否、我々のみならず、外人までも之を見て知識を得、我が国文明の

『大阪朝報』(1903年3月6日付)に掲載されたイラスト．須賀子と思われる女性記者が描かれている．

進歩を知り、恐れ多くも陛下の行幸を辱《かたじけの》うする程の神聖な場所なのです。夫《それ》に何ぞや彼等の様な醜業婦を、白昼公然と何の憚《はばか》る所もなく、公衆の面前に於いて、而も拙劣卑猥極まる悪歌につれて、踊らせるとは、舞わせるとは、嗚呼《ああ》諸君は、市民たる諸君は、婦人たる諸君は、是を何とお思いですか、諸君は平気ですか。〔強調点は引用者〕

須賀子は他の記事にも見られるが、なかなかの忠君愛国者であった。天皇が出席する博覧会は神聖で、その会場にあろうことか「醜業婦」（芸妓のこと）による「浪花踊り」とは何ぞや、と批判するのだから。すでに彼女は別の記事で芸妓が「公然春を売るのを業としている娼妓と選ぶところがない」と指摘していた。朝報紙上の彼女の他の記事を合わせて読むと、須賀子の主張は家庭内の婦人（「中流以上の家庭婦人」と須賀子はいう）の地位や人権を侵しているのは、性を商品化している遊郭制度（公娼制）であり、その制度に結びついているのが、彼女が「醜業婦」と罵《ののし》る芸妓らだというのだった。同時に須賀子はここでも、男性の外での遊蕩や妾を抱えることを批判せず、異議も言わず、黙認している婦人たちは欧米に遅れていると指摘し、同性の自覚を強く促していた。
三月六日、彼女は再び筆を執る。

醜業婦の歌舞は、博覧会の神聖を汚し、外国人の目に国辱を曝すものであるから、女史は深く之を遺憾に想い、既に我が朝報の紙上に於て、〔中略〕間接に直接に反覆丁寧その不可を弁じて協賛会の反省を請い、兼て市民の市民たる紳士淑女に向って、女史の意見に賛成あらんことを請うておいたれど、不幸にして今に其の意見の徹底を見ず、彼等醜業婦を神聖なる博覧会の場外に放逐する事の出来ぬのは、実に遺憾の至りである。

彼女の舞踏反対キャンペーンは、天皇の臨席ゆえの神聖さと身の内にあるナショナリズムを支えに、日を追ってエスカレートしていく。紙面を追っていくと、「浪花踊り」批判の記事は、三月だけでも六日の後に、一一、一二、一五、一七、一九、二二日などと続く。須賀子はこれらの記事では、当時娼妓らを指すことばとして一般的に使われていた「醜業婦」ということばを記事の中で何度も繰り返している。彼女らに対して、人につきまとって害をなすたとえとしてドイツ語の「バチルス」のレッテルを貼り、「廃止したい」「破却したい」「撲滅したい」とまで過激に書く（一二日付）。彼女の女権意識は進んではいたが、社会の底辺に身を沈めねば生きていけなかった芸妓らが抱えていた痛みへの想像力が欠け、したがって芸妓らを生み出す経済的、社会的な構造にまでは目が届いていなかった。

須賀子の「浪花踊り」批判はしかし、小新聞の悲哀と女子の人権を問題にしない当時の社会意識に支えられ、まったく相手にされない。大新聞も無批判であった。だが須賀子はめげずに反「浪花踊り」キャンペーンを続け、同調者を求めて自由と博愛主義のキリスト教界に対して、芸妓らの舞踏を止めさせるために尽力してほしいと訴える（一七日付）。これは、廃娼論者でキリスト教界とも縁のあった宇田川（大谷『管野スガと石上露子』など）や朝報社の近くにあった天満教会の教会員だった永江の影響もあっただろう。

孤軍奮闘の須賀子に一つのチャンスが巡ってきた。博覧会の本開場が近づいた四月三日夜七時半から北区土佐堀の青年会館で基督教婦人矯風《きょうふう》会主催の演説会が開かれると知った須賀子は、人力車を飛ばして会場に駆けつけた。弁士の一人が、廃娼論者で知られた、著名な東京毎日新聞社長の島田三郎(一八五二年生まれ)だったからだ。「遊郭移転論」と題する講演の終わった島田を取材した須賀子は、「浪花踊り」の件を手短に話したところ、彼は初耳だがとんでもない「醜態」で、講演前に聞いていれば触れたのに、と残念がった。孤立し、ただ一人で叫んでいた須賀子が島田の励ましにどれほど喜んだか。八日付の朝報紙に須賀子は書く。「百万の味方を得たよりも嬉しく〔中略〕天へも登る心地」と。

島田は所用で帰京したが、代わりに同紙の高名な記者、木下尚江(一八六九年生まれ)を須賀子に紹介していった。一九〇三年四月六日夜に中之島公会堂で開かれる大阪での初の社会主義演説会のために来阪した木下はキリスト教社会主義者で、廃娼論者だった。幸徳伝次郎(秋水、一八七一年生まれ)ら五人と一九〇一年五月二〇日に結成した日本で初めての社会主義政党の社会民主党(即日禁止)の創立メンバーの一人であった。もっともこのときの須賀子の主眼は社会主義ではなく、木下の演説の中で「浪花踊り」の非道について触れてもらうことにあった。演説前に木下に会った須賀子は、博覧会の協賛事業として企画されている芸妓の踊りの醜悪さを熱っぽく訴えた。島田から概略を聞いていた木下は須賀子の主張に共鳴し、五、六〇〇人はいただろう聴衆を前に講演の最後のところで、芸妓による舞踏の非に触れ「我が国を愛するの念あらば、明朝より」舞踏禁止の運動を始めよ、と激越な調子でアジった。須賀子の歓びようを再び八日付の朝報紙に見よう。

〔先生は〕卓を叩き降壇せられたが、其の痛絶快絶なる、満場殆ど狂せしかと思うばかり、拍手喝采雨の如く、雷の如く、暫時《しばし》は鳴りも止まなかった。

噫諸君《ああ》よ、女史が此演説を謹聴している間の心中を如何に察せらるゝか。

木下は帰京後の四月一二日付の『毎日新聞』にも「残陽生」の筆名で、芸妓踊りの企画を「醜穢《しゅうわい》」と批判し、「敢《あえ》て政府に告ぐ、乞う速やかに之を中止せよ」とまで主張した。須賀子も木下の記事を読んで、ようやく一条の日が射しこんできたように思ったにちがいない。

須賀子は、「浪花踊り」反対のキャンペーン記事だけを書いていたわけではない。小説や町ダネ、堺に住む父親の知人訪問記など多岐にわたった記事を書いている。忙しい取材の合間を縫って、ほっと一息ついて書いた「美術館前の二十分」というエッセイ風の記事は、うら若い須賀子の素顔がのぞく。

それは三月二五日のことである。博覧会会場に設けられた美術館(他にも工業館や農業館などがあった)前で、持病の頭痛のためにベンチで休んでいた彼女は不意に、目の前を通り過ぎていく人たちの中に「未来の夫」がいるかもしれないと品定めを始める。記事には、一〇人近い男たちの評価が書かれているが、どれも彼女のお目にはかなわない。ボロクソ。これではダメだとため息をついて立ち去りかけたところ「理想に近い男子(これは云わぬが花ならん)」を認めた。「頻りに指を咥えて見て居ると、不意に何処から飛び出したか、丸髷《まげ》に黒縮緬《ちりめん》の細君らしい一美人が、其の男子の手を採って「モシ良雄《あなた》、彼方《あっち》へ参りましょう」……」と記事を結んでいる。なかなか茶目っ気のある須賀子であった。

木下の応援もあって、須賀子のたった一人の反・浪花踊りキャンペーンは少しずつ広がり始めた。大阪在住の各国の宣教師約八〇名が協賛会に改善を求める意見書を出したのは、四月一〇日過ぎだった。腰の重かったキリスト教界も動いた。四月一四日から土佐堀青年館で一〇〇〇人以上が参加して開かれていた全国基督信徒大会の親睦会で、「浪花踊り」禁止を満場一致で決議した。

協賛会はしかし、天皇が出席する博覧会の本開場の四月二〇日が目前に迫ってくると、「浪花踊り」の廃止ではなく、天皇の目に触れないように芸妓の出入り口を変更し、その日だけ芸妓の演舞に代わって急遽外国人女性の踊りに変更し、批判をかわそうとした。須賀子は、そんな姑息なやり方を見逃さない。四月一九日付の朝報紙で最後の一押しのように書く。

〔協賛会〕諸君が尤も重きを置かれている醜業婦の舞踏を、開場式の神聖を汚すものとして開演せられぬは、諸君が既に彼の舞踏を清きもの正しきものと認めておられぬからで有ろう。然らば諸君、諸君が一旦不義不正なる□の□〔二文字判読不能〕神聖を汚すものと認められたる以上は、単に開会式当日のみに止まらず、断乎として禁止せらるのが当然では有るまいか、国家に忠なるものでは有るまいか。

結局、「浪花踊り」は会期中週三回だけ挙行されたようだが、博覧会協賛会は当初の予定を変更せざるを得なかった。大新聞がほとんど動かなかったことから見ても、須賀子のたった一人のキャンペーンは「成功」したと言ってもいい。

天皇が出席した博覧会開会当日を、忠君愛国者の須賀子はどう書いたか、と気になって朝報紙のマイクロフィルムを逐《お》っていくと、二一日付が休刊になっているではないか。どうしたのだろう。同紙は創刊一カ月後の八月にも資金繰りに詰まって約一カ月も休刊していた。今回は、理由が不明であった。須賀子のキャンペーンの影響なのかと思ったが、翌二二日には「復刊」し、須賀子は「幽月女史」の名で筆を執っているから、彼女のキャンペーンの所為《せい》ではないだろう。

二二日付の記事で彼女は、芸妓の舞踏とともに「愚挙」と批判してきた開会式当日の「市民一斉万歳と鳴物打ち鳴らし」に大阪市民がそっぽを向き、まったく乗らなかったと書いている。市民の予想外の冷淡ぶりに驚きながら須賀子は、「大いに悦ぶ」と喝采する。彼女のその記事の左横の欄外に目をやると、小さな社告が掲載されていた。

臨時急告　謹んで愛読者に謝す　昨夜半、本紙の印刷将《まさ》に其半ば終わらんとするの際、突然その印刷機械据付の地下陥没の為に、ロールの傾斜を生じ、遂に臨時休刊を余儀なくせらる、。

以後、『大阪朝報』は復刊されなかった（後に、題名を変えて『大阪毎朝新聞』が発刊されるが、内容的には後継紙とは言い難い）。結局、「幽月女史」の雅号の原稿が、彼女の『大阪朝報』での最後の記事になってしまったのである。『大阪朝報』はわずか一〇カ月足らずで姿を消したが、二〇本に及ぶ須賀子の芸妓踊りへの果敢な「筆闘」は、大阪のジャーナリズム界に走った光芒のようであった。経験浅き、若い須賀子にここまで縦横に書かせた永江の器量は見事だった。

突然、失職した須賀子の衝撃、動揺はいかばかりだったろう。病気がちの父・義秀と五歳下で病弱の妹・秀子を抱えていたから。須賀子にはしかし、このときも含めて決して弱気を感じさせることばはない。

キリスト教と戦争観

地下鉄南森町駅から西へ歩いて五分足らずの大阪市北区天神西町四丁目の角に、鉄筋コンクリート四階建ての日本キリスト教団大阪天満《てんま》教会（一八七九年設立）がある。大阪天満宮の石造りの鳥居が天神橋筋を挟んだ道路の反対側にでんと建っている。

菅野須賀子が大阪天満基督教会で長田時行《おさだときゆき》牧師から洗礼を受けたのは、『大阪朝報』の記者の職を失ってしばらくした一九〇三年一一月八日である。それから約半年後の〇四年四月一七日に、木造二階建ての教会玄関前で須賀子が教会員約三〇人と一緒に撮った貴重な写真が一枚残っている。上から三列目の右端に道行きコートを纏って、歯を見せてにっこり笑っているのが須賀子である（本章扉写真参照）。

天満教会の当時の信者名簿や週報などの古い資料は保存のために、かなり前に同志社大学に寄贈され、今は同教会には何もない。二〇一〇年に着任した春名康範牧師（一九四三年生まれ）が、残っていた資料を探していたところ、その頃の会計部の献金記録が一点だけ見つかった。一九〇四年五月分の献金記録で、五月一五日の欄に八人の名前と献金額が太い筆で記載され、四人目の項に「自一月至五月　壱円　菅野須賀子」（「管野」は一八九七年までは「菅野」。第3章一〇一頁参照）とあった。献金の額は、その性質からすれば、多少は問題ではない。

須賀子が、キリスト教に早くから親近感を持っていたのは、「浪花踊り」反対キャンペーンの際に、宇田川の影響もあったかもしれないが、より大きな仏教界にではなくキリスト教界に働きかけていた事実からも想像できた。会員にはなっていなかったが、基督教大阪婦人矯風《きょうふう》会の春季茶話会へも、取材をかねて出席し、記事も書いている。矯風会が、禁酒、公娼制度の廃止、男女平等、一夫一婦制を活動の目標に掲げていたことに須賀子は共鳴したのであろう。彼女のキリスト教への接近はしかし、もう少し早いようだ。

『大阪朝報』の記者になって四カ月ほどした一九〇二年一一月初め、彼女は伝染病の赤痢に罹り、症状は軽かったが一週間の隔離入院を強いられた。退院後に彼女は、このときの体験記を朝報紙に一カ月にわたって連載しているが、そこには彼女の信仰の深さを思わせる記述が随所に出てくる。

入院前に用意した必需品の風呂敷包の中に聖書を入れるよう妹に言い、入院中も聖書を愛読し、「聖《きよ》き教えと温かき愛を併せて受けて居ました」と書く。入院四日目にはこんな記述がある。

　ヨハネ伝の第十章に、基督《キリスト》を善牧者《よきひつじかい》に喩え、基督の兵士を羊に喩えて説示されてあるところがありますが、実に羊は温順な愛らしい動物です。人々も互いに此の山羊《ママ》の如く柔和で、利欲、権勢、功名等に争わなかったならば、此の群のように楽しく、平和に暮らす事が出来るで有ろう〔後略〕

ヨハネ伝第一〇章、すなわち「ヨハネによる福音書第一〇章」の一一節には「わたしは良い羊飼いである。良い羊飼いは羊のために命を捨てる」（新共同訳）とある。須賀子がこの一節を記していることは、彼女の信仰の精神を語る重要なところだと、井口智子牧師は指摘する。そして私たちは後に須賀子のこの「犠牲の精神」を教えられるのである。

芸妓の「浪花踊り」取材報道に追われていたときには、「愛読書の聖書が読めない」と嘆いてもいる。これらの記事から須賀子は、受洗するかなり前に熱心なクリスチャンになっていたと思われる。「遅くも一九〇三年の春ごろには教会に通っていたのではと思われます」と春名牧師は推測するが、彼女の入院ルポからするとわたしは遅くも入院する〇二年一一月前ではないかと思う。

戸籍の閲覧が自由だった一九六〇年初めに「大逆事件」の再審請求をきっかけにその全体構造だけでなく、被害者の個々人や遺族調査を綿密に続けた、弁護士の故森長英三郎(一九〇六年生まれ)の調査では、須賀子一家は一九〇二年八月一九日に豊崎村から朝報社にも天満教会にも一キロほどの東区淡路町四丁目(現・中央区淡路町四丁目付近)に転居している。永江が同教会員で、須賀子の実像を最も早く明らかにした大谷渡氏の『管野スガと石上露子』によれば、宇田川も同教会に関わっていたから、キリスト教への親近感を持ち天満教会に通うようになったのだろう。

『大阪朝報』が、事実上の廃刊をして間もない一九〇三年五月、須賀子は日本基督教大阪婦人矯風会に入会した。矯風会の月刊の機関誌『婦人新報』には、博覧会の開会後だったが須賀子のキャンペーンの影響で、芸妓の舞踏に対して「苦々しき事」「国の体面をも顧みて、かかる忌まわしき催しは断然差止められたき」(第七二号、一九〇三年四月)との批判記事が出、四月二五日には矯風会と青年会が連合して「浪花踊り」反対の大演説会を開いた(一二〇〇人参加)という報告記事も出ている(第七三号)。須賀子の入会はその翌月で、他の新入会員とともに『婦人新報』にその名が紹介されている(第七四号)。

須賀子は入会からわずか半年後の翌一九〇四年一月九日の新年会で同会の唯一の専従職だった文書課長に選ばれている。新聞記者出身で、博覧会報道での活躍が高く評価されたからだと思われる。家庭の経済環境などから考えてもこの時期の須賀子にとって、矯風会の有給専従職は大きかったにちがいない。宇田川の全面的な援《たす》けで天理教の機関誌の『みちのとも』にも〇二年九月号から毎月、小説やエッセイなどを書いており(2)(大谷『管野スガと石上露子』)、また大阪で刊行されていた日本組合基督教会系の週刊紙『基督教世界』にも寄稿するようになったからその稿料も助けにはなっていただろう。

須賀子が矯風会活動を始めたころ、日露間はぶつかり合う寸前にまできていた。いつの時代でもそうだが、ジャーナリズムに引きずられた世論は声の大きいほうに引きずられる。日露戦争では開戦論が圧倒的に大きな声で、冷静な非戦論は押されていった。

須賀子が信仰していたキリスト教の教えからは、非戦しかないはずだったが、実際はそうではなかった。矯風会は、日清戦争時から、浄土真宗本願寺派や真宗大谷派などの仏教教団と同じように戦地や軍人家族・遺族への慰問活動などに熱心だった。戦争は戦場だけで行われるのではなく、銃後の国民意識の動員が不可欠で、戦地の将兵はもとより軍人家族・遺族への援護は欠かせない。慰問活動はだから、戦争を支える銃後の活動、後方支援で、紛れもない戦争協力・荷担であった。

博愛主義のクリスチャンで、女性の人権確立に熱心だった須賀子は、人権ばかりか人間そのものを破壊する戦争、開戦論と非戦論の議論が沸騰していた日露戦争をどう見ていたのか。

須賀子は一九〇三年一〇月八日付の『基督教世界』に掌編小説「絶交」を発表した。四〇〇字詰で九枚足らずの作品である。登場人物は、一五、六歳の二人の恵まれた家庭の少女である。一人は、兄が日清戦争で戦死した軍人遺族の家庭の娘、他の一人は高名な牧師の娘である。二人の少女の日露戦争についての議論から戦争の是非を考えさせる作品である。二人の議論の会話部分だけを抜粋しながら追ってみる。

「貴女は何てえか知らないけど、妾《あたし》は、何《ど》うしても非戦論よ……」

「ジャ、基督教徒《クリスチャン》は皆非戦論者ばかり？」

「エ、、イエ左様《そう》とも極《き》まって居ないわ、中には何うせ戦うもんなら、矢張り早く戦った方が好かろうって言ってる人も有るけど、……人類の平和ってえ上からは、戦争は、絶対的に悪いわねえ。

〔中略〕正義にはどんな乱暴な国だって勝てないもの」

「正義？　正義ったって、まあ考えて御覧なさいよ。日清戦争ね……家《うち》のお兄様なんかの戦死なすった……あんな思いをして折角取った遼東半島を如何でしょう」

「貴女、そんなに言ったって……まあ戦争が有て御覧なさい、貴女のお兄さん見たように、有望な人が多勢死ななくちゃならず、夫れに却って不景気に成るってえじゃありませんか……負ければ口惜しいし、勝ったって恨まれるし、どうしたって、戦争なんてえ事は野蛮だワ」

「ジャ貴女は、どんな、どんな辱めを受けても？」

「エ、、辱めなんてえのは、自分の心でそう思うんだわ、飽く迄も正義」

「自分の心だって、貴女新聞読まないの、毎日々々彼様《あんな》に出てるじゃありませんか」

「だって、新聞の言う事許《ことばか》りが真理じゃ無いもの」

「ホ、、、、分かってよ、貴女方の非戦論は……貴女の、アノ麴町のお兄様は……たしか今、一年志願兵で出ていらっしゃるんでしたね。〔中略〕夫れでね……妾、つい迂闊《うっかり》して本気にしたのよ、夫れじゃ貴女の非戦論も無理は無いわね、ホ、、、、でなければ、貴女も矢張り妾達と同じでしょう？　幾ら基督教徒でも、ね、でなければ、……国辱を甘んじて受けるなんて、不忠だワ……ね」

「不忠……てえ訳じゃ無いけど、妾《あたし》は、ど、どうしても平和論者よ」

「ジャ貴女は、露西亜人の為に、此東京迄滅茶〳〵にされても平気なの、まあ」

「そんな事は無いわ、そんなに成るもんじゃ無いワ」

「貴女なんかは、日本人でも、宗教が西洋のだから、愛国心に乏しいんだわ〔中略〕妾なんかは、日本魂《やまとだましい》があるから、そ、そんな、恥は忍んで居られないわ」

「日本魂は妾にだってあるわ、けれども」

「けれども矢張り平和だなんて、ヘイ〳〵負けてるんでしょう」

「負けるのと、平和と違うわ」

「口では何とだって言えるワ。そ、そんな意気地の無い事、妾ア大嫌い〔中略〕貴女見たいナ、恥を知らない人は日本人じゃ無いわ、そ、そんな不忠な人とは、妾、絶、……絶交するわ」


二人の少女の戦争をめぐる議論の中身、また新聞は全面的には信用できないというセリフなど、一〇〇年以上前の作品とは思えない。牧師の娘は須賀子の投影だと思われ、これが開戦前のクリスチャン須賀子の戦争観だった。

この掌編が発表された一九〇三年一〇月八日は、非戦主義者で社会主義者の『万朝報《よろず》』記者の堺利彦（枯川、一八七〇年生まれ）と幸徳秋水が、同紙が日露戦争に関して非戦論から主戦論に転向したために退社を決意した日である。無教会のクリスチャンで「絶対非戦主義」の記者・内村鑑三（一八六一年生まれ）も退社する。一〇月一二日付の『万朝報』に掲載された、「予等二人は不幸にも対露問題に関して朝報紙と意見を異にするに至れり」で始まる堺と秋水の「退社の辞」は、鮮やかな非戦論とジャーナリストの矜持を示した。

当時、横須賀海軍工廠木工部の見習工だった一六歳の荒畑勝三(寒村)は、弁当箱が包んであった『万朝報』を広げた瞬間に、二人の「退社の辞」が目に飛び込んできた。「火花が眼を射た」ほどの衝撃を受けた勝三少年は社会主義者の道を歩むことになるのだが、彼も一四歳のころに横浜の海岸教会で受洗していたクリスチャンだった。

秋水らは間もなく社会主義宣伝機関として平民社を起こし、一一月一五日に初の社会主義の新聞『平民新聞』(週刊)を創刊する。「自由・平等・博愛」を掲げ、「軍備撤去」「戦争義絶」を目指すと宣言した。クリスチャンの須賀子は、日露戦争をきっかけに起きていた大きな思想的潮流をどう見ていただろうか。『大阪朝報』の記事でも明らかなように忠君愛国主義者だった彼女は、キリスト教信仰に導かれ人道主義の立場から非戦論に傾いていたようだが、内村のような徹底した非戦主義ではなく、秋水や堺のような社会主義思想を柱にした非戦論者でもなかった。彼女が入会した婦人矯風会は、積極的な開戦支持ではなかったが、さりとて非戦ではなかった。

一九〇四年二月八日に帝国海軍が旅順港外でのロシア艦隊を奇襲攻撃(宣戦布告は二日後の二月一〇日)して日露戦争が始まると、婦人矯風会は慰問活動に力を入れ、戦争協力へと傾斜していく。とくに大阪矯風会は、他地域の矯風会より慰問活動に熱心だった。須賀子には、慰問活動が銃後の戦争協力だという認識があっただろうか。「絶交」で語られた非戦の須賀子に、開戦による世論の沸騰と慰問活動に全力を挙げる矯風会の文書課長として揺れは生じなかったのだろうか。

須賀子には、開戦直後の三月に天理教機関誌『みちのとも』に掲載された小説「日本魂《やまとだましい》」(『須賀子1』)

がある。戦争が家族を引き裂く悲劇を主題にした、厭戦基調の作品だが、個人の家庭の辛さを乗り越えて国のために尽す「日本魂」を称えているようにも読める微妙な作品である。須賀子の「揺れ」とも読めるかもしれないが、「絶交」の非戦基調より後退している。

この時期の須賀子の戦争観で見逃せないのが『みちのとも』掲載の「戦争と婦人」である(『須賀子2』)。

我等五千万の同胞が、十年一日の如く、所謂《いわゆる》臥薪嘗胆《がしんしょうたん》、拳を握り涙を飲んで、堪《こら》えに堪え、忍びに忍び、甘んじて屈辱を受けていた、其の怨恨《うらみ》を晴らすの好時機が到来したのであります。否、自国の安寧を保持すると同時に、長く東洋の平和を克服する大使命を、神から授けられたのであります。

愛国調で戦争を熱く肯定した須賀子はこの後、ユニークな主張を展開する。戦争は婦人の人権を獲得する絶好のチャンスで、家庭内の女子らは今こそ、夫や息子らに買春などの不品行を、国家に尽すために反対せよと説くのである。男たちの不品行に「費やすべき金額を、軍費として国家に献納し給え」、その結果、男たちの不品行が改められれば、「女子の位置も高まり、遂には恥ず可き醜業者も其の後を絶つ」ことができ、「健全なる国家を造る事が出来る」と未来を描く。男の不品行による女性の人権侵害は須賀子の主張どおりだが、同じ時期の「平民社」の人びとの明確な非戦論とは大きな距《へだた》りがあった。戦争は人権だけでなく、人間を破壊するという明確な視点が欠落していた。

クリスチャンの須賀子の国家観、戦争観に影響を与えたのは、尊敬していた長田時行牧師かもしれない。わたしが井口智子牧師から借覧した長田牧師の天満教会での説教記録によると、長田牧師は戦争も神からの使命と説いている。「戦争と婦人」では、須賀子も東洋平和のためにはロシアとの戦争は「神から授けられた」と述べている。井口牧師は、そのころの牧師としては当然の説教だったという。

人はしかし、出会いによって劇的に変わることがある。新世紀の幕開けとともにジャーナリストとして登場したクリスチャンの須賀子は婦人の人権のために筆を揮ったが、その人権意識には欠け落ちたところがあった。また当時としてはふつうだったが、須賀子は忠君愛国主義者であった。そんな彼女の世界が大きく転回するような出会いが訪れる。

須賀子は新聞記者を志望したとき、自分の意志で職業を選ぶ自由を持っていた。道徳や習俗などのくびきからもかなり解放されていた。それを時代や社会に置けば、稀有な境遇にあった。須賀子は実は、そうした自由を記者になるまでは持っていなかった。彼女は『大阪朝報』の記者になる前までの三年近く、東京の下町のある商家のれっきとしたお上さんだったのだから。

その婚家からの「脱出」が、彼女の自由への第一歩だった。獲得した自由の中で彼女は、職業を選び、新聞記者という自己を表現できる世界を、自分の意志と力で拓き、自由の翼を拡げた。

二〇世紀初めの日本で、女性にとっての自由はあまりに小さく、狭かった。職業に就く自由もほとんどなく、人生の大きな岐《わか》れ道になる結婚の自由もほとんどなかった。家制度の犠牲になり、耐えるのがふつうだった。社会にこびりついた道徳、習俗・因習にがんじがらめになっていた。男にはあり得ない犠牲を強いられた。それを不自由と感じた女性たちが自由を獲得するには、男には想像できないよほどの強い意志とエネルギーを必要とした。須賀子から一〇年の後の世代でも、家制度や道徳、習俗などの分厚い壁の前に、女性たちが押しつぶされ、悶え苦しむ世界はあまり変わっていない。

　須賀子が舞台から去った直後に登場した伊藤野枝は、それを体当たりで突破しようとした。自己表現できる世界を激しく求めた。だが彼女の自由獲得への道は、須賀子よりうんと険しかった。時代は、明治と大正の境目にあった。

2　コンベンショナルからの脱出――伊藤野枝の「新しい女」宣言

出　奔

　新橋から乗った汽車の中でも、関門海峡の連絡船の中でも、苦しくてもがいていた。心が鉛を括り付けられたように重い。あと五時間か六時間したら、二度と帰るまいと決意した家だ。親戚や家族、皆が、私の進もうと思っていた道に立ちふさがって、あの男を押し付けた。思い出すのも忌まわしい。きっと博多の停車場に来ているにちがいないあの男に会わなくてはならない。ああ嫌だ、嫌だ。

　一昨日《おととい》、新橋駅で別れた彼の顔が目の前に現れる。上野公園の樹々の間で、抱きしめられ、熱く、息苦しくなるように唇を重ねた。接吻の嵐。激しい、狂おしい抱擁……。思い出しても体が火照《ほて》ってきてどうにかなりそうだ。でもここは、門司《もじ》の停車場。汽車に乗ったばっかりに――途中で消えてしまいたかったが、出来なかった。

　もう箱崎よ、あとは吉塚……。従姉のはしゃいだ声で現実に引き戻された。結婚することになってしまったあの男が、博多停車場――来ている。顔を合わせたくない、でも口をきかなければならないだろう。

洋傘の柄を握った体が強張っている。それが悪あがきのようにも思える。涙がぽとりぽとりと、眼鏡をつたって、プラットホームに落ちた。どうして帰ってきたのだろう――。

停車場から家まで三里以上あった。海辺の松林が続く町への道を、あの男と口をきかないように急ぎ足で袴の裾を蹴って歩いた。あの男は、私の態度を不快に思っているだろう。でもひた急ぎに急いだ。バカに早いんだね。大人しいあの男が、声をかけてきた。聞こえないふりをした。

波の音が聞こえる家に着いた途端、祖母に「疲れていますから」と言って、袴を取って布団を被ってしまった。祖母は、結婚を嫌がった私がどんな思いで帰ってきたか分かっていた。家族の中で、私のことを一番よく理解してくれていたから。

「どうしてあんなんですかねぇ。わがままがひどくて、一緒にいるようになったら、どしどししかりつけてやってくださいよ、本当に」。叔母があの男に言っている声を聴きながら眠りに落ちた。[3]

一九一二年三月二六日、東京下谷区上野桜木町(現・台東区根岸一丁目)にあった私立上野高等女学校(五年制、現・上野学園)を卒業した伊藤野枝は翌日の夜汽車で、従姉らと福岡・今宿へ汽車と船を乗り継いで帰郷した。一七歳の彼女は、前年の八月二二日に世話になった叔父・代準介《だいじゅんすけ》(一八五七年生まれ)の知人の息子で、移民先のアメリカから帰国した隣村の周船寺《すせんじ》村《むら》飯氏《いいじ》の農民・末松福太郎と婚約、仮祝言を挙げていた。彼女にはまったく思いもよらなかった押し付けだったが、叔父や家族など周囲の強い圧迫に抗えなかった。一一月二一日には、末松家に入籍させられてしまった。

見知らぬ男との結婚――しかも男は、野枝の求めた知性には遠いところにあった。何とか逃げ出したかった。その思いを一気に燃え上がらせたのが、上野高女の英語教師の辻潤《つじじゅん》(本名・潤平)だった。帰郷の日の朝、二人で夭折の画家・青木繁の展覧会を上野で観ての帰り、身体が溶けてしまいそうなあの激しい出来事で、「結婚」から逃げて再び東京へ戻りたいという気持ちが爆発寸前にまで膨らんだ。

玄界灘の海辺の貧しい村から東京へ出てきた、たっぷり日焼けした少女・野枝が、卒業後にすんなり今宿に納まるとは、同級生のほとんどは思っていなかった。

鶯谷の上野高女は新しい学校で野枝らの卒業が第五回に当たり、一学年一クラスで全学年合わせても一五〇人ほどの小さな学校だった。女子ばかり三〇人ほどの同級生は、卒業間近かになると試験もそっちのけでそれぞれ将来の夢物語をわくわくと語り合うのが常だった。外交官夫人、七つの海を航海する船乗りの奥さんなどと、男の職業に自らの夢を託す少女がほとんどだった。そんな中で野枝の「夢」は、まるで違った。同級生だった花沢かつゑ(嘉津恵)が、小柄だがおませで生意気な野枝が、鳩胸をさらにそっくり返すように語った「夢」を書き残している(『野枝2』「月報②」「鶯谷の頃から」)。

私は卒業すれば九州へ帰らなければなりませんからしばらくあなた方とはお別れですが、必ず東京へは出て来るでしょう。そして、私は人並の生き方をしませんからいずれ新聞紙上でお目にかかる事になるでしょう。そうでなくて、九州に居るようになれば玄海灘《ママ》で海賊の女王になって板子一枚下は地獄の生活という生き方をするかも知れないわよ。

花沢は、野枝の話を「大言壮語して私達を煙に巻いていました」と回想しているが、野枝は級友たちの知らない事実、結婚からなんとかして逃れようと思っていたから深刻だったのだが、それをありったけ壮大にしたのかもしれない。「玄海灘で海賊の女王」は決意の比喩でもあったのだが、事情を知らない花沢らはたまげた。級友たちと将来の夢を語り合った時にはしかし、辻との恋が突然に炎上する前だった。

帰郷九日目の四月初め、野枝はとうとう婚家の末松の家を飛び出した。着の身着のままで親戚の家に転がり込み、ついで友人を頼った。

「ずいぶんみすぼらしい身なりでしょう。普段着のまま、家を飛び出してきたの。すぐに東京へ行こうと思ったのだけど、少し考えることがあって……長くはないと思うから、しばらく居させてね」

久し振りに会った友人は、どうして黙って出てきたの、どんなわけがあるの？　と訊いたが、今は話せないけど、そのうちに、と野枝が申し訳なさそうに言うと、友人はいいわよと優しかった。

野枝はそれでも迷っていた。揺れていた。自分の道を自分の手で切り開いたようなすっきりした、そんな爽快感はまるでなかった。末松家は混乱しているにちがいない。困惑し、憂慮している父や母を想った。叔父や叔母らは、私のことを罵っているだろう。戻って父の傍で泣こうか。いや、もう後戻りは出来ない。死んだほうがいいのかもしれない。どうにでもなれ、と自暴自棄になりそうだ。

友人宅に上野高女の担任で、野枝の才能を評価し、結婚への事情も知っていた西原和治《かずじ》から励ましの手紙が来た。信じて進め、レールに乗らなくてもいい、自棄《やけ》になるな、と。傍にいて包み込んでくれるような大好きな西原先生。上京のための費用も先生は電報為替で送ってくれた。

愛しい辻からは、とうとうやったな、という手紙などが何通も来た。その中には、私（野枝）が逃げたので、学校宛にあの男から、上京しただろうから警官同道で引き取りに行くという葉書が届いたことなども

書いてあった。辻の手紙にはしかし、俺を信じろと、強い響きが滲《にじ》んでいた。(4)

出奔した野枝が友人宅を出て東京へ向かったのは約一週間後の四月も半ばごろだ。そのころ、辻は東京郊外の北豊島郡巣鴨町上駒込(現・豊島区駒込)の染井の借家に、母と妹と一緒に暮らしていたが、野枝はそこへ転がり込んだ。辻は、野枝との関係から上野高女を退職に追い込まれていた。一八八四年生まれで野枝より一一歳上だった辻が上野高女に就職したのは一九一一年四月だから、一年しかいなかった。

「安月給をもらって貧弱な私立学校の教師をやっておふくろと妹とを養っていた僕は、だがその頃もうつくづく教師がイヤだったのだ」。辻は野枝の思い出を記した「ふもれすく」(『絶望の書・ですぺら』所収)で退職した理由をこう記し、尻を切らずに続けている。「野枝さんというはなはだ土臭い襟アカ娘のためにいわゆる生活を棒にふってしまったのだ」と。

後年ダダイストの名を刻むことになる辻は、秋水らの起こした平民社のころから社会主義に近づき、『平民新聞』も創刊号から購読し、さらにアナキズム、ニヒリズムにも接近していた。上野高女時代には、専門の英語だけでなく、文学にも造詣の深さを示し、とくに国木田独歩や樋口一葉などについての語りは、少女たちをうっとりさせた。音楽にも精通し、ピアノを弾き、尺八の腕前はプロ級だった。野枝も彼の溢れるような知性に吸い寄せられたひとりだった。

辻は野枝出奔に相当なエネルギーを与えた。教師と教え子というスキャンダラスな恋についても「ふもれすく」でいささかの照れを塗《まぶ》して触れている。

たいして美人という方ではなく、色が浅黒く、服装はいつも薄汚く、女のみだしなみを人並以上に欠いていた彼女はどこからみても恋愛の相手には不向きだった。〔中略〕僕が野枝さんに惚れたとしたら、彼女の文学的才能と彼女の野生的な美しさに牽きつけられたからであった。

辻の野枝観は、彼女を知った多くの人の「語り」に共通するが、とりわけ野枝の原石のような輝きにはぐいぐい魅かれていったようだ。

野枝にとっては、身体に巻きついたような家族や親戚の道徳や習俗を振り解こうとする行動は自然だった。その先には、おそらく彼女は意識していなかったろうが、女を家庭に縛りつけておこうとする国家への抗いが含まれてあった。

平塚らいてうを魅了

東京市本郷区曙町(現・文京区本郷駒込二丁目)は、田園風景の広がった閑静な屋敷町だった。一九一二年の春の終わりの候である。曙町の六〇〇坪はあったと伝えられる広大な平塚邸を訪ねてきた小柄な少女があった。

「平塚らいてうさんにお会いしたいのですが」

少女は出てきた家事手伝いの女性に平塚明子《はるこ》(らいてう)への取り次ぎを頼んだ。

「伊藤野枝さんという方がお見えになりました」

はて?と、らいてうは首をひねった。

「どんな方?」

た。

「一五、六のお守りさんのような方です」

らいてうは、二間続きの自室、丸窓（円窓）のある三畳に入ってきた野枝があまりに幼く見えた。この子があのしっかりした手紙を寄こした少女だとは、すぐには合点がいかなかった。一八八六年生まれのらいてうは野枝より九歳上で、豊かな家庭で育ち、日本女子大学卒の当時にあっては最高のエリート女性だった。

「元始、女性は実に太陽であった。真正の人であった」——一九一一年九月、押し込められていた女性がすっくと立ち上がるような鮮烈な詞を、「良妻賢母」の世界に投げ込み、歴史の舞台に躍り出たらいてうは、女性だけによる文芸誌『青鞜』を起こした五人組の女たちの中心だった。彼女は、戦後の浩瀚《こうかん》な「自伝」の中で野枝との初対面の印象を詳細に書き残している(5)。

野枝の突然の訪問の数日前だった。らいてうの許に「福岡県糸島郡今宿村、伊藤野枝」と、しっかりしたペン字で書かれた、切手三枚を貼った重い手紙が届いた。青鞜社の事務所やらいてうの許へは、創刊直後から未知の女性の身の上相談などの手紙がひっきりなしに寄せられた。「大逆事件」後の思想弾圧の冷たい空気が社会を強張らせていた「冬の時代」にあって、『青鞜』は発刊以来、道徳や因習・習俗——当時は、さかんに「コンベンショナル」と表現された——に縛られていた全国の、とくに地方の女性を励まし、自信と勇気を与え、大きな期待と希望をもたらした。野枝は『青鞜』の創刊を、上野高女五年生のときに辻から教えられた。文学好きの彼女の胸は昂ぶったにちがいない。

野枝の分厚い手紙は、らいてうの心を激しく揺すぶった。

「その手紙を一読したわたくしは、本気で一生懸命に、からだごと自分の悩みをぶっつけてくるような、その内容につよく動かされました」。らいてうは、野枝からの手紙を残してはいないが、全身でぶつかってくるような彼女の手紙の内容を鮮明に記憶していた。まるで手元にあるかのように。

自分の生い立ち、性質、教育、境遇――ことに現在肉親たちから強制されている結婚の苦痛などを訴えたもので、そこには道徳、習俗に対する半ば無意識な反抗心が、息苦しいまで猛烈に渦巻いておりました。〔中略〕自分はもうこれ以上の圧迫に堪えられないから、最後の力をもって親たちに反抗して自分に忠実な正しい道につこうとしている。

便箋に細かいペン字でびっしり書かれた野枝の手紙は、らいてうには独り合点のところも感じられたが、文章もしっかりし、字も立派で、青鞜社に来る数知れない手紙の中で「格段に印象に残る」一通だった。最後のほうには、近く上京してお訪ねしたいとあった。その「予告」通りに野枝が現れたのである。

野枝がこの手紙を出したのは、実は郷里からではなく、染井の辻宅からだった。封書の差出人の住所を「今宿村」にしたのは、辻との同棲をらいてうに知られたくないという心理が働いたのか、それとも遠い九州からのほうが、インパクトがあると思ったのか。あるいはその両方だったのか。

眼前の物怖じしない一七歳の少女の印象を、らいてうは鮮やかに描く。

小柄ながっちりとしたからだに、赤いメリンス〔薄地の毛織物で、モスリンとも〕の半幅帯を貝の口にぴんと結んだ野枝さんの感じは、これで女学校を出ているのかと思うほど子どもらしい感じでした。

らいてうの観察力はするどく、生のままの一七歳の少女、野枝をとらえる。

健康そうな血色のいいふっくりした丸顔のなかによく光る眼は、彼女が勝気な、意地っ張りの娘であることを物語っています。

これまで青鞜社に現れたどの女性よりも野枝は、すべてが自然そのものだった。らいてうにはそう見えた。

黒目勝ちの大きく澄んだ眼は、教養や聡明さに輝くというより、野生の動物のそれのように、生まれたままの自然さでみひらかれていました。話につれて丸い鼻孔をふくらませる独特の表情や、薄く大きい唇が波打つように歪んで動くのが、人工で装ったものとはまったく反対の、じつに自然なものを身辺から発散させています。

野枝の筋道立てた話しぶりにもらいてうは「情熱的な魅力」を感じた。

この日、野枝がらいてうに訴えたことは、手紙より具体的で、見知らぬ男と無理矢理に結婚させられたが、どうしても受容れられない、周囲は我慢を強制するので、耐えられず飛び出した、今は上野高女の先生だった辻の家で「世話になっている」、いずれ九州へ戻って決着をつけてくる――そんな内容だった。

「わたくしはその話を聞きながら、勇敢に因習に立ち向かう野枝さんの行動に対して、青鞜社がなんらかの力になるべきであることを、そのとき考えていた」。らいてうを魅了した野枝のこの強烈なパッションとパワーが、やがて当のらいてうを飲み込んでいくことになる。

『青鞜』第二巻第一〇号(一九一二年一〇月号)の末尾に新しく青鞜社に入った人として「伊藤野枝」の名が記載された。野枝は、その翌月の第一一号に「東の渚」と題する五連詩を寄せた。デビュー作である。

東の磯の離れ岩、
その褐色の岩の背に、
今日もとまつたケエツブロウよ、
何故にお前はそのやうに
かなしい声してお泣きやる。
〔中略〕
ねえケエツブロウやいつその事に
死んでおしまひ！その岩の上で——
お前が死ねば私も死ぬよ〔後略〕

野枝は離婚のケリをつけるために一九一二年夏に帰郷したが、なかなかうまくいかず、その時の絶望感、寂寥感を今宿の渚でよく目にする、群れをなさないカイツブリ科の水鳥の一種、ケエツブロウ(今宿辺りの方言だというが、「ケックロウ」という人が多いそうだ）にわが身を仮託して詠んだのだろう。幼い詩だが、少女・野枝のままならない揺れ、惑い、自棄になりそうな心を必死に詠《うた》った。野枝の短かい生涯の中でただ一つの詩である。

結局、野枝は再び出奔を決意し、らいてうに無心して旅費一〇円を送ってもらい、東京へ向かった。末松福太郎との協議離婚が成ったのは、翌一三年二月一一日である。

野枝は、決着から一年後の一九一四年一月の『青鞜』に、出奔から離婚に至る自らの行為について手紙形式の創作「従妹に」（従妹の坂口キミ宛）を書いている。年下の従妹に何とか自分の行動と心理を分かってもらおうと懸命に書いている。自分が、何も考えることが出来ない魂のない娘だったら、嫌な男でも我慢しただろう。そうすれば親や周囲は喜び、孝行娘だと褒めるだろう。でも自分はどうなのだろう。そんな嘘を生きることは、恥ずかしい。「きみちゃんは、そうは思いませんか」と問いかける。

> 自分のものときまった、何人も犯すことの出来ない体や精神をもっていながらそれで他人の都合や他人のためにその体や精神をむざ〳〵と委《まか》してしまうのは意久地《いくじ》がないと云うよりは寧ろ生れた、甲斐がない生甲斐がないと云うより他仕方がありません。

最後に野枝は、誰もが信じている道徳や習俗に囚われないで、自信を持って自己の考えを「どしどし」「ずんずん」貫いたと胸をそっくり返す。

野枝は周囲があてがった結婚を生理的に受け容れられず、そのまま突っ走った。その本能的とも言える行動を、離婚から一年後には道徳や習俗からの脱却と位置づけるところまで「理論武装」した。

『青鞜』の中では一七歳の最年少で編集を手伝うようになった野枝は、体験を小説仕立てにした創作や評論にも、臆せずに取り組む。らいてうの期待どおりに、ときにはらはらさせながら。『青鞜』批判の批評に対しても私が書いてやる、と闘争心をむき出して、論理を飛び越え、粗削りのまま「青鞜の女」の中心的な書き手になっていく。彼女の作品は、ほとんど毎号『青鞜』を賑わした。上野高女の卒業間際の「大言壮語」を地でいくようであった。

らいてうの心をぐいと摑《つか》み、彼女の慧眼によって野枝は、活躍の舞台を与えられたのだった。その糸を手繰っていくと、辻潤との出会いがあった。辻は『青鞜』の創刊を教えただけでなく、大杉栄と荒畑寒村が「大逆事件」直後の、窒息しそうな思想状況を突破せんとして一九一二年一〇月に創刊した文芸思想誌『近代思想』も野枝に教え、彼女はそれを愛読する。辻こそ野枝の原石のような輝きを秘めた才能を見出し、引き出し彼女を自由な世界へと羽搏《はばた》かせた最初の男だった。野枝は逆に本能的に、男の中にあった知と性のエネルギーを貪欲なまでに吸収し、自らの成長の糧にし、前へ、前へとずんずん進んでいく。

先導者としての「新しい女」

野枝は、自らの体験を通して家や社会に縫い込まれていたような道徳、習俗・因習、コンベンショナルの打ち壊しに、もがきながら果敢に挑み、こじ開け、とりあえず「自由」を得た。男に屈従していてはそうした新しい生き方は出来ない、女の自由も自立もないと、これも本能的に思っていた。

『青鞜』に集う女たちは、「新しき女／新しい女」と男中心のジャーナリズムからレッテルを貼られるようになっていたが、そこには無意識に男尊女卑が下敷きになった揶揄や批判が含まれていた。『青鞜』社員の何人かが興味をそそられ、さまざまな色の「五色の酒」を飲み、あるいは「吉原登楼」などの行為をしたため、それらと結びつけられ、面白おかしく取り上げられ、誤解され、非難の標的にされた。男が同じことをしても、ニュースにも話題にもならない言動がそうなるのだった。

らいてうらは、世間やジャーナリズムのこうした誤解を解き、それへの反論も含めて、「真の新しい女とは」を問う特集を『青鞜』(一九一三年一月号)の付録で組んだ。らいてうを含む八人が執筆している。一八歳になったばかりの野枝は「新しき女の道」と題し自ら「先導者」たらんと主張した。

新しい女は今迄の女の歩み古した足跡を何時までもさがして歩いては行かない。新しい女には新しい女の道がある。新しい女は多くの人々の行止まった処より更に進んで新しい道を先導者として行く。

誰も踏みしめたことのない道を行く先導者こそが「新しい女」であると、野枝は言い切る。「新しい道」はしたがって未知であり、危険と恐怖があり、それを払いのけていくのが先導者としての「新しい女」なのだと続ける。先導者とはどういう人なのか。

先《ま》づ確固たる自信である。次に力である。次に勇気である。而《しか》して自身の生命に対する自身の責任である。先導者は如何なる場合にも自分の仕事に他人の容喙《ようかい》を許さない。また追従者を相手にしない。

先導者にはまた、覚悟が必要だと彼女は言う。

終始独りである。そして徹頭徹尾苦しみである。悶えである。不安である。時としては深い絶望も襲う。〔中略〕故に幸福、慰安、同情を求むる人は先導者たる事は出来ない。

最後は、努力で締める。

先導者としての新しき女の道は畢竟《ひっきょう》苦しき努力の連続に他ならないのではあるまいか。

強烈な自我意識に支えられた「新しい女」宣言である。強いられた結婚を、苦しんで身体ごと突破し、先導者になって、それゆえ自由を獲得した自信から来ているのだろう。「新しい女」へのジャーナリズムの批判を飲み込んでしまうような昂ぶった宣言であった。

この特集の中で、大杉栄の妻の堀保子（一八八三年生まれ）が「私は古い女です」を寄稿している。野枝との対比で、また後のこととも関連するので、読んでおきたい。堀は、堺利彦の病没した妻・美知の妹で、大杉が一方的に燃え上って一緒になったと伝えられている。

堀は、自分は古い家庭と周囲に囲まれて育ち、古い教育を受けた「何から何まで古い女です」と前置きする。だから、男（大杉）の思想や感情にすべて合わせなければならないが、あまりにもかけ離れ過ぎて従いきれない。男は無理強いしないので、自分は男の仕事の邪魔にならないようにしている。

「古い女の掟」としては、結婚すれば思想や感情だけでなく「姓も男に捧げて了《しま》わなければならぬ」し、自分もそうしたいが、男がそれを受けいれてくれない。だから「もとの堀保子でいます」。男は、そもそも男女の間に法律という「無粋なもの」が入ってくるのをひどく嫌い、男女の関係は法律で認めて貰わねばならないようなそんな性質のものではないと、男の意見を紹介する。以前、男の事件で裁判の参考人として証言を求められた際に、入籍していなかったために、子どもが出来たらどうするかと問われ、仕方なく「私生児として届けましょう」と言っておいた。そして堀は、自分とは違った意味で、あるいは内縁関係の夫婦とも異なった意味で、自身の判断で夫の姓を名乗っていない妻（夫婦別姓）や、入籍せずという女性がいれば、それは「新しい女」の一つのタイプだと思うと述べる。

堀はまた、男の恋愛観を紹介する。若い男女が恋愛しても、別々に住み、もし他に互いに相愛の男女ができれば、遠慮なく、恋し合って、愛が醒めれば、離れるというのが理想だ、と。でも「古い女」の自分は、とてもそんなことは承知できないし、それを求められても出来ない。男はしかし、この理想は現在の社会制度、経済制度では、わずかの例外者を別にすれば、できないことだと言うので、「安心しています」と読者を苦笑させる。

ここまで書いてきた堀は、実はこの原稿は男が代筆していると明かす。そうか、「私は古い女です」は堀と大杉の合作だったのか、と読者は唸ったかもしれない。「古い女」の原稿の締めは、「新しい女」の第一歩は、自分（堀）と違って、女が一個の自覚を持って、男に従わず、世間にも拠らず、一人で自分の道を行くようになることではないかと言っている。野枝の「先導者」と重なる結論である。

野枝は、堀の「古い女」をどう読んだだろう。三年後に「合作原稿」の書き手が予告したような卍巴《まんじともえ》の事件の主人公になるとはむろん、当事者も読者も予想していなかったのだが。

『青鞜』は、翌月号(一九一三年二月号)でも「新しい女」の特集続編を組むが、この号が出版法の「安寧秩序を害す」にひっかけられて、発売禁止となる。理由ははっきりしないが、野枝が辻の伝手で寄稿を依頼した、自由民権運動の往年の闘士で、婦人解放運動の先駆者だった社会主義者・福田英子《ひでこ》(一八六五年生まれ)の「婦人問題の解決」だと言われた。けれど、らいてうは新聞記者のインタビューに野枝のエッセイ「此の頃の感想」かもしれない、と語っていた。野枝のそれは、学校教育で教えられる境遇に甘んじよという倫理に反対し、恋愛以外の結婚を排斥し、国家の求める「良妻賢母」を批判していたからだ。


『青鞜』で書き続けてきた野枝に初めて大衆の前で喋る機会がやって来た。

憲政擁護・閥族打破運動で、東京や大阪など都市部の大衆が爆発し、数万人が議場を取り巻き、新聞社や交番が焼き討ちされ、軍隊による鎮圧事態にまで発展し、「大逆事件」時の首相だった長州閥の桂太郎内閣が倒れ、薩摩閥の山本権兵衛内閣が登場する。

そんな「大正政変」の最中の一九一三年二月一五日土曜日の午後、青鞜社主催の初の講演会が神田の東京基督教青年会館(現・東京YMCA)で開かれ、一〇〇〇人の聴衆で溢れた。大半が男性だったのは、らいてうらを落胆させたが、「新しい女」たちの講演会とあってジャーナリズムは注目し、十分に盛り上がった。

スピーカーは男性も含めて六人で野枝は、司会をした『青鞜』発起人の一人、白雨の号で俳句をひねり、作歌もしていた保持研子《やすもちよしこ》(一八八五年生まれ)の次に登壇した。直前の一一日に末松福太郎との協議離婚が成立して、安堵しただろう野枝の演題は、「最近の感想」だった。文字の世界では、勢いのある野枝の初講演はどうだったか。二月一六日付の『朝日新聞』は紹介している。

伊藤野枝と云う十七八の娘さんがお若いにしては紅い顔もせず「日本の女には孤独と云うことが解らなかった様に思われます」と云った調子で此頃の感想と云ふものを述べたが内容は如何にも女らしい空零貧弱なものでコンナのが所謂新しい女かと思うと誠に情無い感じがした。

けちょんけちょんであった。自惚れの強い、自信家の野枝もさすがに萎れたようで、『青鞜』の四月号に掲載された講演原稿には、手を入れたようだ（『野枝2』「解題」）。

講演会には、野枝の夫の辻潤、大杉栄、石川三四郎、福田英子、堺利彦の妻・為子らが聴きに来ていた。大杉は翌月の『近代思想』で各演者の講演を寸評したが、初めて見たであろう野枝については評するまでもなかったのか、一言もない。ところが後に、野枝との恋愛の経緯をたどった彼の唯一の小説『死灰の中から』では、この日の野枝の子どものような雰囲気を書き留めている。

丁度校友会ででもやるように莞爾々《にこにこ》しながら原稿を朗読した。まだ本当に女学生女学生していた。

野枝の見かけは、身長一四八センチと小さくよほど初々しかったのだろう。

野枝が長男を生んだのは、一九一三年九月二〇日だった。後に画家、エッセイストとして知られる一《まこと》

（一九七六年没）である。野枝は一八歳で母親になった。

長男の誕生によって野枝は新たな問題を抱え、自由を求めて再びコンベンショナル打破のために闘う。

ここで私たちは時を遡って須賀子の動向に目を向けねばならない。須賀子が野枝に見えぬバトンを渡すには、まだ数年の時日が要ったから。時は日露戦争の最中の一九〇四年、須賀子二三歳の夏の東京である。

注

（1）須賀子が記者に採用されるまでの経緯は『大阪朝報』の一九〇二年七月三一日付の「婦人記者」をもとに、趣旨に沿って再構成した。

（2）『みちのとも』の原紙は未見で、『管野須賀子全集』によった。

（3）野枝の小説「わがまま」「出奔」（『野枝1、2』）をもとに文意を違えないように再構成した。カギ括弧内は原文引用。

（4）注3と同。

（5）『元始、女性は太陽であった――平塚らいてう自伝（下巻）』（大月書店）。直接の引用箇所以外は、筆者の要約と内容を損なわない範囲で脚色をほどこした。

第2章

ひたぶる生の中で

東京の写真館で撮影された須賀子(1904年7月ごろ).

17歳ごろの野枝.

1　社会主義者への道——須賀子の飛躍

邂逅

日本で初めて結成された社会主義結社の平民社は数寄屋橋に近く、現在の有楽町マリオンの斜め前あたりの麹町区有楽町三丁目、松の木の枝が塀からのぞく二階建ての借家だった。正面玄関の上には横書きで「平民新聞」、出入り口右手には縦書きで「社会主義協会」の看板が掲げられていた。

玄関前には木の小橋がかかり、裏の狭い庭には桐の木が植えられてあった。二階の編集室は一〇畳と七畳半の二室で、マルクス、エンゲルス、ゾラ、トルストイなどの肖像が飾られていた。階下は事務室、食堂と寝室を兼ねた九畳、四畳半、三畳、二畳の四室だった。平民社ができた一九〇三年一一月から一カ月余りは幸徳秋水と千代子夫妻(結婚は一八九九年)が、秋水の母の多治と住んでいた。

日露戦争が始まって間もない一九〇四年三月四日雪の降る夜、一九歳の青年・大杉栄が初めて平民社にやって来た。二月下旬から始まった毎週金曜日の社会主義研究会に出席するためである。大杉は前年一〇月一一日、通っていた本郷教会の海老名弾正《えびなだんじょう》牧師(一八五六年生まれ)から受洗したばかりだった。「僕はかなり長い間それを躊躇していたが、ついに洗礼を受けた(中略)注がれる水のよく浸みこむようにと思って、わざわざ頭を一厘がりにして行って、コップの水を受けた」(「自叙伝」)。当時の大杉の理解では、キリスト教が忠君愛国思想に背くもっとも進んだ思想だった。

大杉はしかし、平民社で社会主義思想を学び、日露戦争に対する海老名牧師の戦争肯定の説教に触れ、信仰を裏切られたとあっさり棄教する。日露戦争の戦勝祈禱会をやり、軍歌のような讃美歌を歌わせ、忠君愛国のお説教をする海老名牧師に大杉は呆れかえってしまったのだ。

大杉が初めて社会主義研究会に出るようになってから四カ月ほどした一九〇四年七月一八日の月曜日の午後である。一人の若い女性が平民社に訪ねてきた。大阪から来た管野須賀子、と名乗った。

開戦後も変わらず非戦を訴え続けていた『平民新聞』には、社員の行動や訪問者などを備忘録風に記す「平民日記」欄があった。七月二四日付(第三七号)のそこには「午後、大阪の婦人新聞記者にして社会主義的思想を有せる菅《ママ》野須賀子氏来訪、氏は婦人矯風会大会に出席の為め大阪支部を代表して来たとの事。兎にかく珍客の一人であった」。妻の美知が入院中で、平民社に起居していた堺利彦の筆である。

須賀子は初対面の堺に『大阪朝報』時代の博覧会での反「浪花踊り」キャンペーンなどについて話し、かつて大阪にいた堺は宇田川文海とも知り合っていたから、そんな話も出たかもしれない。前年四月にユニークな雑誌『家庭雑誌』を創刊し、社会主義の実行は家庭内の改革からを提唱していた堺に、家庭での婦人の人権確立を訴えてきた須賀子は刺激を受けたにちがいない。

「平民日記」にあるように須賀子は、婦人矯風会全国大会出席のために大阪矯風会会長らとともに派遣されて、七月一三日から東京に来ていた。この日の夜、神田区神田美土代町の基督教青年会館で開かれた大会の表彰式で講演をしたのが木下尚江だった。須賀子は一年前の熱弁に感謝しただろうが、木下は約四〇〇人の聴衆を前にした講演の最後に「婦人問題の根本的解決を望む者は、之に依る外はない」と言って、『平民新聞』を示して降壇した。

須賀子が平民社を訪ねたのは、それから間もない一八日だった。木下との再会、堺との出会いは、女性の権利獲得には社会主義が不可欠で、男性批判や婦人の自覚を促すだけでは不十分だと須賀子に気づかせた。社会主義の付箋が彼女の胸の裡にしっかり貼りつけられたのである。

須賀子の東京滞在は一週間にもならないが、慌ただしい中で彼女は本所区本所茅場町（現・墨田区江東橋二丁目辺り）の写真館で正装スタイルの写真を撮っている（本章扉写真）。何用で撮ったのかは分からないが、その姿から須賀子はなかなかお洒落だったようだ。右手にしているのは、聖書のように見えるが、拡大すると"On the Eve"のようでもある。ツルゲーネフが農奴解放の前夜を描いた『その前夜』の英訳である。須賀子はしかし、まだ英語を十分には読めなかったから、果たしてどうだろうか。

平民社は創設以来、新聞や出版物の売り上げ、京都・須知《しゅうち》（現・京丹波町）の素封家の岩崎革也《かくや》（一八六九年生まれ、後に京都府会議員）や医師で社会主義者の加藤時次郎（一八五九年生まれ）らの個人的支援などで細々と維持されてきたが、須賀子が訪問したころから財政が窮迫し、読者と同志らに維持寄金をあおがねばならなくなった。寄金募集の訴えが載ったのは一九〇四年八月七日付の『平民新聞』で、目標は一年で二〇〇〇円だった。帰阪した須賀子はその広告を見てすぐに一円を寄付した。一〇月九日付の同紙の七面の最下段に掲載されている「平民社維持金寄付広告」に一九人の寄付者名の中に女性ではただ一人、須賀子の名がある。彼女は初めて社会主義活動を支える積極的行動に出たのである。

須賀子は、運動の組織化にも乗り出した。『平民新聞』の読者だった『大阪朝日新聞』記者らと語らって社会主義研究会を開くことにし、その前段として同紙の読者会を紙上で呼びかけた。すぐに反応があり、日露戦争中の一九〇五年一月八日に一一人が市内の同志宅に集まり、社会主義の啓蒙・宣伝のために大阪同志会を設立し、毎月第二土曜日に集会を開くことなどを決めた。初会合に集まったのは、医師、銀行員、教員、新聞記者、軍人、学生らだった。大阪での社会主義組織が産声を上げたこの日、大阪市では、旅順陥落の大祝捷会《しゅくしょう》があり、市民らが提灯行列などで盛り上がっていた。

大阪同志会の研究会は一九〇五年一月二三日、二月一八日と月一回のペースで開かれたが、その後の活動はふっつり消える。須賀子は、脳卒中で倒れた父・義秀の、生まれ故郷の京都に帰りたいという願いを叶え、当時住んでいた大阪郊外の住吉から三月半ば過ぎに京都へ転居した。中心メンバーの彼女が不在では同志会の継続的活動は無理だったのだろう。それに社会主義運動の全国的な情報メディアになっていた『平民新聞』が、度重なる弾圧と財政難のために、とうとう一月二九日付の第六四号で終刊に追い込まれ、後継の『直言』も九月一〇日号で廃刊せざるを得なくなった。そうした事情があって大阪同志会など各地の活動を伝えるメディアがある時期なくなってしまったのである。

大阪同志会についていくらか分かるのは、岡山出身の平民社の同人の森近運平《もりちかうんぺい》（一八八〇年生まれ、「大逆事件」で刑死）とのつながりである。大阪に社会主義活動の拠点が必要と考えていた堺らは、理論も活動能力も一級の社会主義者だった森近にその役割を託した。彼は一九〇五年三月に妻子と移住した大阪市北区中之島で大阪平民社を立ち上げ、そこへ須賀子らの大阪同志会が合流した。須賀子は森近とは私的な面も含めて交流が出来たようで、彼宛の書簡が五通残っている(1)。大阪平民社について、須賀子は「同志会の後進」と位置づけているが、大阪平民社の寿命も短かく、厳しい弾圧もあって森近はその年の夏の終わりごろには、大阪を去って活動の場を東京に求める。

社会主義活動に乗り出した須賀子は、京都へ移ってからも大阪矯風会の文書課長の職はそのままで、慰問活動にも尽力している。日露戦争の戦死者記念追弔会では追悼の辞まで読み上げている。この辺りの須賀子は、父の重病、妹の病気などで経済的な負担が重なって専従職の矯風会に頼らざるを得なかったのだろうか。そうなら、須賀子の心中はやりきれない辛さがあっただろう。それとも軍人援護や遺家族慰問は、戦争支持・協力ではないという認識だったのだろうか。

同性への自覚促す

須賀子が京都の自宅を出て、大阪・川口から出航する大阪商船の「第四平安丸」(二七〇トンの木造船)に乗船したのは大寒が過ぎたとはいえ、もっとも寒いころの一九〇六年二月二日夕方の五時だった。行き先は、和歌山・田辺である。かの地で一九〇〇年に創刊された『牟婁《むろ》新報』の臨時編集長として招かれたのである。父・義秀は前年六月、六三歳で不帰の人になっていた。胸を病んでいた妹・秀子を一人置いて行くのは辛いが、なるべく早く呼び寄せるつもりだった。

人口七五〇〇人ほど(『田辺町誌』)の西牟婁郡田辺町(現・田辺市)は、奥深い熊野の入り口に当たり、口熊野と言われていた。『牟婁新報』の社長兼編集長の毛利柴庵《さいあん》(本名・清雅《せいが》、一八七一年生まれ)は、田辺町の真言宗・高山寺の住職で、若くして東京で学び、足尾鉱毒事件を知り、廃娼運動などに取り組んでいた新仏教グループの境野黄洋《さかいのこうよう》(一八七一年生まれ)、また木下尚江や同郷の『朝日新聞』記者・杉村楚人冠《そじんかん》(本名・広太郎、別に縦横。一八七二年生まれ)とも知友になり、仏教社会主義者であった。『牟婁新報』紙面では「社会主義を鼓吹すべし」などと宣伝し、「紀州に牟婁新報あり」と中央にまで知られたユニークな商業紙だった。

日露戦争に対して柴庵は、提灯行列を先導するなど主戦論者だったが、紙面では非戦論も戦争批判も掲載した。一一万人以上の戦死傷者を出し、年間の国家予算の六倍を超える一八億円もの戦費を費消した日露戦争は、一九〇五年九月五日のポーツマスでの講和条約調印で終結した。しかし賠償金が得られないと分かり、民衆の不満は一気に高まり、内務大臣官邸などを焼き打ちする「日比谷焼打ち事件」が起きた。この事件をきっかけに大正期に入ってから大衆運動が広がっていく。何より日露戦争は、後に石川啄木が「地図の上朝鮮国を黒々と墨をぬりつつ秋風を聞く」（一九一〇年九月九日）と詠んだように近代日本が朝鮮を植民地支配して大きな帝国へと変貌していく分水嶺になった。

須賀子は、そうした大きな時代の変わり目に、一地方紙の臨時の編集責任者として赴任したのである。反権力・反権威の柴庵は、一九〇五年に県知事や裁判官批判の筆禍事件を起こし、田辺監獄へ入獄する羽目に陥り（入獄は一九〇六年三月一三日）、出獄までの留守中の編集長を須賀子に依頼したのだった。名前はおろか、『大阪朝報』時代の須賀子の活躍も知らなかっただろう柴庵が、彼女に新聞編集の全責任を任せたのは、紙面に新しく「婦人欄」を設けるためもあって、人選を頼んでいた平民社の堺からの推薦があったからだ。「婦人欄」新設は、群馬県とともに公娼が認められていなかった和歌山県で、それを認めようとの動きが県政界に起こり、公娼設置に強く反対していた柴庵が女性の目が必要と考えたのである。

堺は、秋水も寄稿していた『牟婁新報』に、日露戦争中の一九〇四年春に二人の社会主義青年を相次いで牟婁新報社に紹介し、二人の退社後の翌年秋には一七歳で意気のいい、腕白青年の荒畑寒村を記者修業として派遣していた。柴庵の「婦人記者を」の依頼を受けた堺は、記者経験があり、社会主義を広げる活動を始めていた管野須賀子を薦めたのである。堺は東京から一九〇六年二月一五日付『牟婁新報』に「管野須賀子君の入社に就いて」を寄稿し、推薦理由を読者に伝えている。「柴庵君という先輩（若しくは友人）を君に紹介して、柴庵君の誘掖《ゆうえき》の下に、君の才徳が如何に発揮せらる、かを見ようと思う」と。

平民社での出会いで堺は、須賀子の記者としてのセンス、女権意識、文才などを評価し、異能者の柴庵に磨きをかけてもらおうと考えたのだ。漫筆で鳴らした堺が、須賀子の記事や小説などをどの程度読んでいたかは分からないが、彼なら一本読めばその質を見抜くのは容易だったろう。

彼女はしかし、堺の推薦と柴庵の頼みに、すぐには応じなかったようだ。父を失い、病妹を抱え、当時住みこんでいた同志社の宣教師の妻ミセス・ゴードン宅の仕事などがあったからだ。結局、臨時とはいえ、荷の重い編集長を引き受けたのは、書くことが好きだったのと、『大阪朝報』の経験から記者の影響力に魅かれたのだろう。

当時、『牟婁新報』は月一〇回刊で部数は三〇〇〇部だった。宅配だけでなく、かなり郵送もあった。田辺行を承諾した須賀子は京都からすぐに、「筆の雫」というエッセイを寄稿し、「我等が理想は、四民平等の社会主義なり」と、その立場を明かしていた。

　今日の階級制度は、一朝一夕に覆えすべからず。急激に事を行わんとすれば、却って失敗の歴史をのみくり返すに止まる可《べ》し。然《しか》れば我等は此の理想を希望として光明として先《ま》ず第一根本たる「自覚」を為し、自らを養い品性を高め、然して後徐々に、理想を現実に実行するの方法をとる可きなり。

須賀子はこう書いて読者に対してキリスト教的な香りの漂う穏健な方法で社会主義を目指そうと語りかけていた。日露戦争ですっぱりキリスト教を捨てた大杉とは違った。

海が荒れなければ、船は翌朝午前八時に着くはずだ。船旅は毛虫の次に苦手だった須賀子には、田辺までの一五時間はぞっとするほど辛い。和歌の浦を出たころ、急に風が激しく吹き始め、波も高くなった。静かだった海が荒れだし、船が大きく揺れ始めた。一気に嘔吐が襲ってきた。時化《しけ》は田辺航路では珍しくはなく、船長の判断で由良港に避難し、風が凪《な》ぐまで碇泊することになった。由良出港までには時間があるからと、乗船客らは事務長から勧められて碇泊地に近い日高郡の糸屋の宿で入浴することになり、須賀子も船酔いを癒すためにそれに従った。一緒に入浴したのは、船内で同室だった若い女性だった。

嬢《むすめ》は当町（田辺）の旧家田所氏の女にして、（中略）年齢尚十九にも足らぬ乙女ながら、挙止といい言語といい、沈着にして軽浮ならず、質朴なる小貴女《レディ》の感ありき。

須賀子は『牟婁新報』社に着任早々書いた乗船記の中で、彼女のことを好感溢れる筆致で描写している。この「レディ」は須賀子より六歳下で、田所秀《たどころひで》というクリスチャンだと知った須賀子は非常に喜んで「相互に同信者なるを知りては、只仮初《かりそめ》の交際《ちかづき》とも覚えず、何かと打ち解けて愉快に語らい」と記している。秀はこの翌年の一九〇七年、社会活動家の嶋中雄三（後の中央公論社長の嶋中雄作の兄）と結婚し、田辺を離れたが、須賀子との船中の出会いについて長く憶えていた。

「大阪からの帰りにシケに会い　イトヤという所に上陸して同じ宿屋で風呂に一緒に入って（須賀子さんに）背中を洗ってもらいました」。秀は戦後の一九六四年一月に弟の田所双五郎に宛てた手紙で懐かしそうにこう記している。『牟婁新報』の読者でもあった秀は、同じ手紙の中で須賀子の記事について「なかなか文章の上手な人でしたよ」とも書いている。須賀子の死から半世紀以上経っていた。(2)

時化がおさまって本船に戻った須賀子は、事務長から奇妙な話を聞く。

「今夜、タコが押し寄せてきますから。お目にかけます」

えっ？　タコとは？　不審に思った須賀子だったが、間もなく甘ったるい声を耳にする。

「事務長はん」。艶めかしい、密やかな声……。

潮風で黒く焼けた肌に厚化粧をして、艶っぽい姿の女性たちを目にして、須賀子は息を飲んだ。そうか、タコとは春を売る女性たちを指す隠語だったのだ。田辺着任後に書いた乗船記の連載記事「見聞感録」で彼女は書いている。

彼〔女〕も人なり、我らの同胞《はらから》なり。
聖なる可き婦人の操を、風を逃れて暫時の碇泊せる船人に、些かの金に代えて鬻《ひさ》がざるを得ぬ、悲惨極まる其境遇や。
噫《ああ》、是果たして誰の罪ぞや、噫。
無量の感に打たれて、軈《やが》て空想は夫《それ》から夫へと、例の社会制度に対する不満、結局、「噫、社会主義なる哉」〔後略〕

『大阪朝報』時代の須賀子なら、彼女らを「醜業婦」と侮蔑し、口を極めて非難したにちがいない。あれからわずか三年だが須賀子は、社会の底辺で春を鬻ぐ女性たちの境遇への痛みを感じ、同胞と思えるようにもなっていた。彼女たちをそうした辛い生に追い込んでいる社会の制度や構造に目を向け、こうした女性を生まないようにするには社会主義しかないと痛切に思うのだった。須賀子は変わり始めていた。

「第四平安丸」は、丸一日遅れて二月四日午後に田辺に着いた。田辺の玄関口になる扇ヶ浜は、須賀子の忘れ得ぬ原風景として、胸膈の襞《ひだ》に深く刻まれる。

ジャーナリストとして花開く

牟婁新報社は創業地から何度か移転しているが、須賀子のころは田辺町上屋敷町六五番地、田辺湾に注ぐ会津川に近いところにあった。今は写真も残っていないが、社屋は二階建てだった。須賀子は柴庵に着任の挨拶をし、文選工や植字工らの紹介を受けた。そこで須賀子は、平民社から「派遣」されていた寒村に出会う。彼は一八歳の社会主義少年、須賀子は六歳年長の二四歳の若き女性ジャーナリストだった。

須賀子がこの地を初めて踏んで一一〇年後の二〇一六年一月末、わたしは彼女が暮らし、闊歩し、その空気を吸い、短い期間だったが寒村とともに新聞記者として女性の人権のために熱く烈しい筆を揮った田辺を訪れた。往時にくらべれば、人口は増えて五万を超え、市になった行政区域は合併を重ねて拡がり、町の表情も大きく変わった。大阪からは海路でなく、カーブは多いが特急列車で約二時間である。

「もちろん当時とは大きく変わっていますが、道路がT字型でつながっている町の形態は、須賀子のころと基本的には同じです。町は狭かったので、何処へも歩いて行けました」

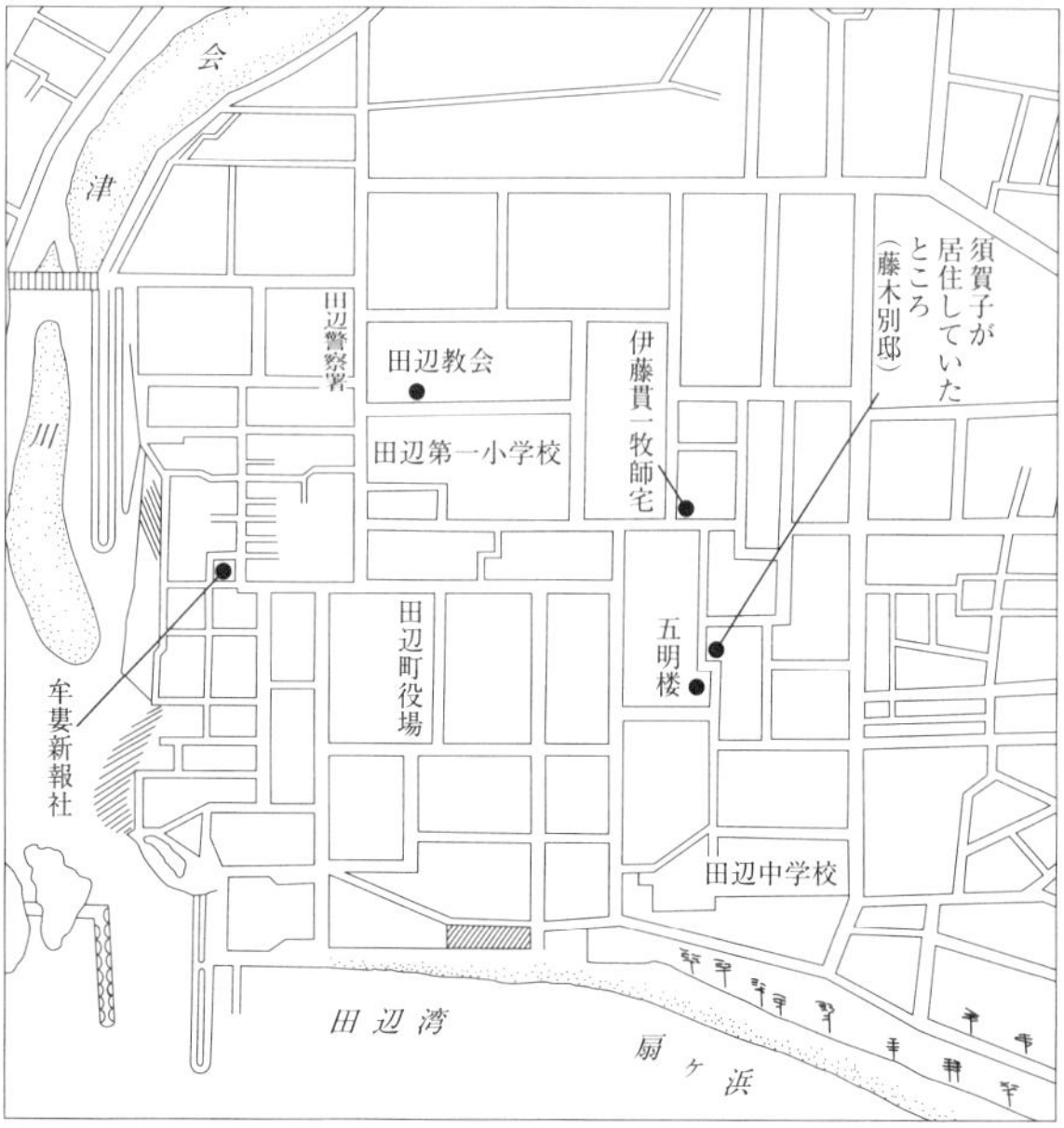

1932年ごろの田辺市の地図（街の形状は須賀子のいた1906年ごろとほぼ同じ．田所顕平氏提供）．

半世紀以上にわたって田辺時代の須賀子のことなどを「大逆事件」との関係で調査研究してきた元田辺市立図書館長の杉中浩一郎さん（一九二二年生まれ）はそう語りつつ、須賀子の住んだところ、取材したところ、遊んだところなどを案内してくれた。この日は、杉中さんの依頼で元県立高校社会科教員の田所顕平さん（一九四四年生まれ）にも取材に同行してもらった。須賀子が田辺行の船中で出会い、一緒に入浴した「レディ」田所秀の甥である。

田辺に着いた須賀子が荷をほどいたのは、『牟婁新報』設立者の一人で、高山《こうざん》寺《じ》の檀徒総代の実業家・岡本庄太郎宅だった。その後、町でも有数の料理旅館「五明楼《ごめいろう》」（一九一二年五月二日に全焼し、扇ヶ浜へ移転）の離れ座敷（事業家・石田庄七の留守宅）に移り、二月末には柴庵の紹介で「五明楼」に近い中屋敷町五四番地の薬種業・藤木八平の別邸に落ち着いた。現在のＪＲ紀伊田辺駅の南西一キロほどのところだ。住まいから牟婁新報社までは歩いて一〇分もかからない。そこに京都で待っていた妹の秀子を三月七日に呼び寄せた。須賀子・秀子姉妹の暮らした藤木別邸には、後に南方熊楠《みなかたくまぐす》がほんの少しだったが仮住まいしている。

田辺時代、須賀子は取材だけでなく、しばしば高山寺に足を向け、臥せっていた柴庵の妻を見舞うために寺近くにあった彼の自宅「観流亭」を訪れている。若き女性新聞記者の須賀子は、当時流行していた二百三高地型の髪型で、紫の袴を身に着け、足元は靴という和洋折衷のハイカラなファッションで高山寺を訪ね、颯爽と取材で闊歩し、田辺の町の人びとの目を引き、評判になった。そんな話を杉中さんから聞くと、不意に狭い道路の向こうから袴姿の彼女が近づいてくるようだ。

「須賀子の給料ですか？　そうですねえ、寒村が一〇円だったと書いていますから、その倍はあったでしょう。キャリアもあったし、編集長格でしたからねえ」。杉中さんの推測である。

田辺には、明治の初めに来日した宣教師のJ・B・ヘール（一八四六年生まれ）が一八八一年一一月に伝道に入り、予期以上の成功を収め、紀南の地にキリスト教が広まっていった。その四年後の一八八五年四月に田辺長老教会（翌年、田辺基督教会と改称）が設立されている。須賀子姉妹が仮住まいしていた藤木別邸の前には、ヘールの要請で一八八五年五月に伝道で田辺に住むようになった宣教師ジュリア・レビット（一八六三年生まれ）が住んでおり、姉妹はすぐに親しくなっている。アメリカ・インディアナ州出身のレビットは、祖父が牧師で、母も熱心なクリスチャンだった。レビットは師範学校を卒業した一八歳のときにヘールが伝道報告誌に寄せた「若い女性の伝道者を日本へ」に心震わせて応じたのである。来日してから日本語を学んだレビットは上達がとても早く、須賀子姉妹とも達者な日本語で交流を続けたと思われる(3)。

当時の教会は、住まいから歩いて五分ほどの本町にあった。須賀子は、大阪から京都への転居に際して、京都四条教会に転入した(一九〇五年三月)が、田辺教会への転入記録はない(田所さんの調べ)。では田辺では教会に行かなったのか。『牟婁新報』には「牟婁日記」という編集長のあとがき欄があり、それを追っていくと、須賀子が教会へ説教を聴きに行っていた事実を伝える記述がある。春がぐんと近づいた三月二七日付の「牟婁日記」に須賀子は書いている。

夜教会へ出席の時間迄に、一寸の暇を盗んで観流亭に病夫人を見舞いました。(中略)帰途拝借した提灯と云うもの、十何年振に持って見ました。久し振に牧師の説教を耳にして蘇生《いきかえ》った様な気がしました。

教会の伊藤貫一牧師宅も近く、横浜の教会から田辺教会に転入した寒村や妹と一緒に訪ねて、食事をともにしている。須賀子は田辺でも敬虔なクリスチャンだった。その姿は、寒村も書き留め、牟婁新報社の若い社員らも記録に留めている。熱心だった矯風会活動はどうだったのか。

三月一五日、須賀子は田辺婦人矯風会の例会に出席した。同じキリスト教を信ずる婦人たちと接し、活動を知るのは嬉しいのだが、すでに社会主義に重心を移していた須賀子には、上品で、博愛主義に拠った矯風会の活動には違和感が生まれていた。

妾の一身の上より言えば、稍《やや》思想の変化せる此の頃、矯風会其の物の上に、飽き足らぬふしは少なからねど、兎にも角にも現今社会に於ける婦人の働らきとしては、美《うる》わしき矯風会の事業なれば、妾は其の成功を望むものなり。

やや控えめに書いているが、事実上の「さらば矯風会」だろう。

須賀子が『牟婁新報』で最も果敢に筆を揮ったのは、やはり女性の人権問題だった。

実は田辺行の船中で須賀子自身が許し難い体験をしていた。船室で横になっているときだった。事務長は、彼女の具合を訊きながら、左手首の脈を取り、さらに掛けていた毛布の下へ手を入れようとした。

「何をするんですか！」

彼女は、事務長の手を払いのけた。

「いえ、何もしやしません。そんなにきつく言わなくても……」

彼は、須賀子の凄い剣幕にひるんでいっぺんに引き下がった。彼女は事務長がどんな行為に及ぼうとしていたかを感づき、激しく難詰した。

連載の「見聞感録」(五)で彼女はこの一件を記事にし、海の上という別世界で、悪漢船員のために凌辱された女子は少なくないと聞くが、恥ずかしさのために泣き寝入りしているのをよいことに、狼藉をくり返しているにちがいない、商船会社も警察もこの「伏魔殿」を見逃すな、と訴える。女性の一人旅がかくも危険にさらされているのは野蛮の極みで、それはこうした行為を恥ずべきだという認識が男になく、女を奴隷視しているからだと指摘する。末尾で、「社会の木鐸たる新聞記者」である自分に狼藉行為をしたのが、事務長の「畢生の失策」だと嗤《わら》い、この事実を明らかにしたことで女子が毒手にかからずに済むだろう、と結んでいる。個人的な体験でも理不尽なら社会的に問うところが、須賀子の記者魂だった。

須賀子は、同性への人権蹂躙の最たる問題を公娼制度だと確信していた。だから和歌山県で公娼設置が認められるという動きは、須賀子にとって重大な問題だった。『牟婁新報』は公娼設置が政治・社会問題化すると同時に、新宮の医師で社会主義者だった大石誠之助(一八六七年生まれ、「大逆事件」で刑死)の「廃娼論」の連載を掲載し、血気盛んな寒村も公娼設置反対の原稿を書いていた。

須賀子が着任して三週間ほどした二月二四日、和歌山県の清棲《きよす》家教《いえのり》知事(伏見宮家出身の伯爵で、貴族院議員)がついに、新宮、大島、糸屋の三地区に公娼の設置を許可した。二七日付『牟婁新報』は、知事の決定を猛然と批判した。すでに清棲知事への別の批判記事が官吏侮辱罪に問われ、実刑判決で入獄が決まっていた柴庵は伏字だらけだったが「厚顔無恥」と書き、寒村は「義憤の詩」を詠んだ。須賀子は「無言の涙」で感情をむき出しにし、叫ぶようなことばをぶつけた。

弱者の敵とは何者ぞ!!!　貧民婦女の血に飽かんとする悪魔の巨魁とは何奴ぞ!!!
噫、醜漢×××。
置娼を許可せりとや、咄《とっ》、咄ッ。社会の敵、不倶戴天の女子の仇敵。
伯爵××××、知事××××。
県下の婦女子が絞る悲憤の涙《なんだ》に、溺らしむるとも、尚飽き足らざるの咄、這××。
噫、されど今更何をか言わん、只無言の涙あるのみ。

(×は伏字。咄は、叱り、驚いて舌打ちするの意)

公娼設置で踏みしだかれる底辺の女性たちへの思いが、権力者・清棲知事への憤怒の矢となって向かう。須賀子はしかし、「無言」で涙するだけではなかった。同性の女性たちに目を覚ますように問いかける。

諸君は今眠って居られますか、将又《はたまた》覚えて居られますか。諸君は侮辱というものを御存じですか、御存じゞゃありませんか。諸君に一片の気概というものがありますか、ありませんか。

須賀子は続けて、公娼許可は私たち女へのこの上ない侮辱であり、「人権蹂躪」であり、「公然奴隷」にされたのであり、それでも黙って跪《ひざまず》かねばならないのかと迫る。貧しい女子たちが春を鬻《ひさ》がねばならない公娼許可は、残忍暴虐で、それは女を「人として認めない」「一種の玩弄物《おもちゃ》視している人間が、この社会に居る」からだと断じる。日露戦争の「戦捷の余栄とかで一等国に進んだとか何とか、口に文明を叫んで居る日本が公然売淫を奨励するとは、何たる矛盾でありましょう、何たる痴《たわ》けさでありましょうか」と。最後に彼女は、やや静かにこの侮辱にどうしますかと問い、皆さんの声を待っている、と呼びかけ、決意を披露する。「及ばずながら、諸君と共に此の醜漢征伐を決行したいと思う」。

ことばを窮めて公娼許可を女性蔑視だと批判する須賀子がいかに感情的に過ぎようとも、血気盛んな寒村にも書けなかった原稿である。伏字が多いとはいえ、発禁処分がある言論弾圧法の新聞紙条例（後新聞紙法）の下である。権力者をものともしない須賀子の筆は臆するところがない。それでも知事の決定を覆せなかった。

須賀子はまた、「肘鉄砲」と題された評論で、自らやや極端かもしれないがと、前置きし、過激に述べる。男子から女性の貞操論を聞くたびに「チャンチャラ可笑しくて噴飯」する。女性を奴隷視し、侮辱しておいて何だ、と。女性たちこそ男性貞操論を叫べと。

須賀子の批判の矢は、賢母良妻(良妻賢母)主義へも向かう。男たちは賢母良妻を説く前に、自ら賢父良夫になれ、と。今の社会制度では大きな矛盾や侮辱に堪えて女性たちが我慢を強いられているのは、男に頼らざる得ない生活を強いる経済制度にあるからだと指摘する。根本的には社会主義の実現しかないが、女性たち自身が男性に対して声を上げて戦わないからダメなのだと説き、男を変えるには女の「武器たる」肘鉄砲を食わせろと。男の云うがままにならないために女性たちは、結婚を急ぐな、女性の権利保護のために、「奮起せよ婦人、磨け肘鉄砲を」とアジるように書く。彼女の女性解放の思想は一貫していた。

田辺での彼女の非常に大きな変化は「醜業婦」のことばを捨て、かつては蔑視していた底辺の女性たちを同胞と見るようになったことである。戦争観にも変化の兆しが起きていた。「剣と弾丸は、只戦争という罪悪の、専有物では無い筈です」。女性の人権を守るには、剣と弾丸を使ってもいいはずだと呟いた「憤片」という欄で、戦争をきっぱりと「罪悪」と断定したのだから。

須賀子はしかし女性の人権問題にだけ筆を走らせたのではない。多忙な仕事のわずかな隙間をすり抜けるようにして妹や寒村らと扇ヶ浜のミルクホールへ行き、教会の説教に頭を垂れ、伊藤牧師宅の食事に招かれ、たった一軒あった芝居小屋の「稲荷座」で観劇し、景勝地の奇絶峡《きぜつきょう》まで、妹の作った弁当を携えて寒村と三人で讃美歌などを口ずさみながらピクニック……。

わたしも杉中さんと田所さんに案内されて、春まだ浅かったが、景勝の地として名高い奇絶峡に足を向けた。「この辺りで、須賀子らは弁当を食べたんですね」。奇絶峡の滝の流れる水音を耳にしながら、杉中さんのつぶやいたことばに、草履履きの若き姉妹と寒村少年のはしゃいだ声が聴こえてくるようだった。「牟婁日記」を追っていくと須賀子は動物好きだったようで、田辺ではバイオレットと名づけた犬（猫かも）を飼い、可愛がっていた。奇絶峡から帰宅したときに迎えてくれた「バイオレットの優しい顔」と、その表情をさらっと書き留めているから。

四月に入って須賀子は持病の頭痛で出社できない日が続き、秀子のおそらく結核に起因する肋膜炎や気管支炎などが良くならず、高熱続きで、しょっちゅう開業医・山本義夫の世話になっている。

四月半ば、「姉さん」「勝坊」と呼び合って『牟婁新報』を支えていた寒村が突然、退社した。彼は社会主義色をむき出しにした原稿が多く、商業紙の『牟婁新報』には不適という声が同社のスポンサーから出て、退社に追い込まれたのだった。運動の機関紙だった『平民新聞』と商業紙の違いを使い分ける芸当は、経験浅き二〇歳前の寒村には無理だったようだ。そこへ行くと須賀子は商業紙育ちで、キャリアも豊か、歳も長じていただけでなく、一途なところは寒村に似ているが、肚はすわり、うんとしたたかだった。

柴庵が四五日間の刑期を終えて、田辺監獄を出獄したのは一九〇六年四月二七日午前零時だった。この日、出獄記念特集号が発刊された。臨時編集長としての須賀子の最後の仕事だった。持病の頭痛を抱え、睡眠不足で山本ドクターに睡眠薬を処方してもらい、秀子の看病をしながら執筆・編集に当たった。不眠が続いた。責任感の強い彼女は、仕事を持ち帰り、妹は姉の過労気味の働きぶりを心配した。

「お姉ちゃんのように一生懸命になると、狂気になるわよ」「お姉ちゃんは、おかしくなったら、原稿を書かなくちゃあとか、今度の新聞はどうしようなんて、そんなことばっかり言ってるんでしょうね。それが、お姉ちゃんの昔からの病気だもんね」。秀子は、姉が書くことが大好きだったのをよく知っていた。

高山寺で柴庵の留守を預かっていた真言宗の僧侶で、同宗の機関誌『六大新報』の編集などにも携わっていた清滝芙峰（智龍）は、柴庵出獄の記念号に、「柴庵兄の出獄を迎ふ」を寄稿した。その中で彼は、筆を尽くして須賀子の働きを激賞している。

「女史のチャームに富める筆、感興に満てる文なかりしならんには、『牟婁新報』は太甚《はなはだ》しく殺風景となり、太甚しく寂寥となり、読者の不満と嫌厭《けんえん》とを招致せんことは読者の等しく認むるところならん」「同女史の筆致の多趣味なるのみならず、其の編集の整頓せる、記事の精選せる、主義の一貫せる、地方新聞として、又終に見るべからざる好新聞を発行し得たるは、一に幽月女史の手腕の非凡なりしに依らずんばあらず」「喝采を博し、声価を高めたるものあるは、一に幽月女史の手腕と努力に致す所」などと。労いを超えた、須賀子へのありったけのオマージュであった。

柴庵の出獄後、秀子の容態が急変し、手術までしなければならなくなり、京都へ帰る予定がのびのびになる。それでも書かずにはいられなかった須賀子は、少なくない原稿を自由に書いている。中でも理想の夫や結婚について書いた「女としての希望」は、後の彼女を知る上でも興味深い。

「熱烈なる愛情と、宇宙を呑むの気概と、之なり。而して今の世には容れられぬ男」が理想だという。「基督教徒《クリスチャン》として」は、「随分の暴論なる」が、と断わって、「剛胆に、同心一体となりて主義の為に戦い、理想の為に奮闘して、刀折れ矢尽きたるの時（体力の）、大手を振りて花々しくする情死なり」と言うのだった。女性解放、社会主義、そして烈しい恋の末の死――。須賀子の先を暗示しているようにも読めなくもないが、それにしても情死願望とは……。編集長に復帰した柴庵はこれを「情死なんどする奴は（中略）卑怯極まる」とこっぴどく批判した。

須賀子・秀子姉妹が「芙蓉の君」と名づけた田所秀から餞別にともらった人形を抱き、扇ヶ浜から大阪行きの「扶桑丸」の人になったのは、一九〇六年五月二九日の午後だった。柴庵以下、伊藤牧師夫人、編集部によく花を贈り須賀子から「花の君」の名をもらった岡本庄太郎ら数十人の人びとに見送られた須賀子・秀子姉妹は、実質四カ月、社員にも読者にも鮮烈な印象を残して紀州・田辺を去った。

須賀子に読書を勧められ、宗教を信じるようにと言われた『牟婁新報』の一七歳の文選工・室井晟洲《せいしゅう》（厳）は、二人を扇ヶ浜から見送った後、「幽月の君を送る」を綴っている。

> 同胞姉妹のために、常に今日の状態を悲しみ、男子閥の暴戻を指摘して女子自身の腑甲斐なきを痛憤して大いに反省をあたえ、進んでは陰に陽に我が町、郡、県の進歩発展を促し、而してわが天下万民を塗炭の苦境をより救い出さんことを期し、瀏喨《りゅうりょう》としてソーシアリズムの喇叭《らっぱ》を吹き鳴らし、現代人類の固執偏見と、あらゆる苦痛の裡に奮闘せられたり。
> 而して君がこの短日月間に亘る沈痛壮の行動は、遂に空しからず、いまや我が熊野における士女の多くは漸く年来の懶夢（惰眠の意か）より醒めんとし、ソーシアリズムを口にするもの婉（宛）然春の野に若草の生い出づるが如く。

愛惜の情溢れる室井少年の「贈ることば」だった。

『牟婁新報』に須賀子の書いた記事、評論、エッセイ、短歌、呟きのような片言隻語、何気ない日常茶飯をメモした「牟婁日記」などは実に夥しく、一四〇本以上になるだろう。それらには若き日の彼女のすべてが詰まっている。在田辺はわずか四カ月だったが、彼女にとっては実に充実し、愉快な日々だった。忘れられない人びと、風景、世界だった。短い須賀子の一生の中で田辺時代は、最も輝いた秋《とき》だったに違いない。わたしは田辺の町を歩き、彼女が筆を揮った一一〇年前の、ボロボロになった『牟婁新報』を田辺市立図書館で目にして、胸が熱くなるのを抑えられなかった。

京都へ戻ってから須賀子は、『牟婁新報』へ寄稿した「田辺！　田辺！」の中で、死ぬときは「是非に田辺よと呟きて、相見て微笑みし程の姉妹《ふたり》が執心、可愛と思わさずや、田辺の人」とまで書いている。姉妹の人生はしかし、時日を経ずして、田辺の町民も想像できないような大転回をする。

日露戦争後に日本は、朝鮮半島の領有に乗り出し、軍備を一段と強化し、アジアの帝国主義国家へと伸《の》し上がっていく。その最中にあって女性の人権、自立、解放を求め、同性の奮起を促して書き続けたジャーナリスト須賀子は、まことに先駆的だった。彼女の表現活動は、帝国主義国家が求める女性像、「国民」とは正反対のベクトルを持っていた。

須賀子の田辺時代から七年の後、「新しい女」として中央の表現の舞台に躍り出た伊藤野枝は、須賀子とは異なる体験から女性の解放に気づき始めた。同時に、彼女の内部に潜むコンベンショナルな体質に気づいていくが、野枝は「冬の時代」の制約もあってか、須賀子が社会主義に出会ってから、女性解放の問題の根に、社会・政治制度があるという抜き差しならない問題への気づきはまだない。鋭い直感力の持ち主の野枝にも新たな出会いが不可欠だった。

2　社会へ——野枝の炎

あの若さでしかも女と云う永い間無知に育てられたものの間に生まれて、あれ程の明晰な文章と思想とを持ち得た事は、実に敬服に堪えない。〔中略〕僕はらいてう氏の将来よりも、寧ろ野枝氏の将来の上に余程嘱目すべきものがあるように思う。

エマ・ゴールドマン

一九一四年五月、一九歳の野枝は東雲堂《しののめどう》書店から初めての著書『婦人解放の悲劇』〔翻訳〕を出版した。それを読んだ大杉栄は、荒畑寒村と創っていた雑誌『近代思想』第二巻五月号で二頁にわたって「近来の良書」として取り上げ、野枝の将来性を高く評価した。大杉と野枝がつながるきっかけになった運命的な書評である。野枝訳で同書に収録されたエマ・ゴールドマンの「婦人解放の悲劇」など五つの作品は、野枝の語学力では無理で、辻潤の大きな協力があった。野枝も、同書の自序で率直に感謝している。

私のこの仕事はまたT〔辻〕によって完成されたものであることを私は忘れません。もし私の傍にTがいなかったら、とても私のまずしい語学の力では完成されなかったでしょう。

野枝にとって辻は、先生だった。しかしである。時は、処女出版の一年ほど前に遡る。野枝は激しい恋の果てに辻と同棲して以後、転居を繰り返す。一九一三年一月、巣鴨上駒込の染井から芝区芝片門前町（現・港区芝大門二丁目辺り）の二階家へ引っ越し、四カ月後の五月には、再び染井に転居する。隣家には、『青鞜』の協力者で作家の野上弥生子（一八八五年生まれ）が住んでいて、この頃から往来するようになる。この後、野枝に事件が起きる。

引っ越し直後の六月中ごろ、『青鞜』を読んだ一青年、木村荘太から野枝宛てにラブレターが届く。妊娠七カ月だったのに野枝は激しく揺さぶられ、ぐらぐらしながら木村に傾斜していく。この「恋愛事件」は閃光のようだったが、野枝はその顚末をらいてうに宛てた手紙の形式で、ずばり「動揺」というタイトルの小説にして『青鞜』（一九一三年八月号）に発表する（木村も『生活』に「牽引」という題で発表）。周囲は驚き、ジャーナリズムの好餌になる。らいてうは「動揺」を読んだ感想「『動揺』に現れたる野枝さん」（『青鞜』一九一三年一一月号）を書き、野枝の気づいていない「古い女」の一面を泛《うか》び上がらせた。

荘太の愛の手紙に圧倒されて動揺し、どうしていいか分からなくなって「判断解決は真面目なあなたにおまかせ致します」とまで書いた野枝に対してらいてうは、妊娠中の特異な生理・心理状態だったとしても、自覚した女ならあり得ない、日ごろの野枝らしくないと厳しく批判する。「こういう点に於いてなお野枝さんの中に男の愛の陰に、その力の下に蔽われて生きようとするコンヴェンショナルな女の面影が残っているのを見る」。らいてうは、野枝の中に隠れてある古層のような女の姿を鋭く抉《えぐ》った。

野枝はしかし、「事件」が起きてからわずか一カ月ほどで、それを「作品」にし、自己を客観化し、内面を抉ろうとした。どんな大事《おおごと》でもそれが過去になれば、さらっと対象化できる野枝の特異な一面にらいてうは絶句し、野枝のたくましさと尽きることないエネルギーに圧倒される。「恋愛事件」のころ、辻と暮らし始めてわずか一年少しで、彼の知識や知性を貪るように吸収し、十分に愛していた野枝だったが、実は辻への不満が宿りはじめていた。「「動揺」に現れたる野枝さん」の中でらいてうも見抜いているが、辻は非常に優れていたが「実行方面に欠けた人らしい」ので、そこに野枝の渇望感が生じていたと。

辻は、教師の職を棄ててしまってからは、生活費を得ることには全く関心がなく、実際何もしようとしなかった。野枝が翻訳の仕事を探しても、気に入らなければ身を入れなかった。一緒に暮らしていた辻の母からは、嫌味の一つや二つはしょっちゅうだった。尺八は吹くのだが、動こうとはしなかった。

生まれて間もない長男の一《まこと》を抱えた一九一三年秋ごろからの野枝の生活は、厳しくなっていた。それでも彼女は金策に歩き、一をおんぶし、おしめを抱えて青鞜社へ出かけ、胸をはだけて乳を飲ませ、勉強会に出かけ、感情を爆発させるような、闘争心溢れる原稿を長火鉢の猫板の上などでも書きまくった。家でも腹這いになってでも原稿を書き、本を読んだ。辻の母は、働こうとしない息子と、世間の母親とまるで違う野枝への苛立ちを時にことばの礫《つぶて》にしてくる。子どもを抱えた母親が本を読む、仕事をする、違うだろうと。ふつうの母親になれというのだ。

子どもが生まれて、野枝が知った家庭における女を縛る「コンベンショナル」だった。野枝は恐れた。このままでは、世間のふつうの母親に堕してしまう、と。子どもは可愛いし、愛おしい。でも未熟な自分は、もっと成長したい、勉強したいのだ。この問題は野枝の中でどんどん膨らんでいくが、辻は気づかないか、気づかないふりをした。

抜群の知性を持ち、人権問題、とりわけ女性の解放問題には強い関心のあった辻は、エマ・ゴールドマンの著作や伝記で野枝を「教育しようという一心」で翻訳し、野枝の知らない世界を大きく広げて教えた。彼は、野枝と一緒になっても「教師」だった。実際、辻は「彼女の持っている才能を充分にエジュケートするため」(「ふもれすく」)と述懐しているのだから。辻の導きで野枝が、大きく羽搏《はばた》いていく。

ロシア出身でアメリカに渡った女性アナキストのエマ・ゴールドマン(一八六九年生まれ)については、わたしには「大逆事件」に対してニューヨークで日本政府批判の集会を開き、国際的な抗議行動を呼びかけたマザーアースのグループの人として記憶されてある。日本では、一般にはそれほど知られてはいないが、第一次大戦でアメリカの参戦や徴兵制に反対して逮捕され、またナチスの台頭を警告し、スペインのフランコ独裁政権への反対を呼びかけてもいる。

野枝が初めてエマ・ゴールドマンを知ったのは、「大逆事件」後の一九一三年の夏、木村荘太との一件が落着したころだ。ヒポリット・ハベルの書いたエマの小さな評伝に接して、彼女の生き方に激しく打たれる。翻訳の自序で、エマの求めた「婦人解放」への闘いに対する猛烈な圧迫と、それをはねのけるための彼女の屈せざる苦闘、想像を絶する勇気と精力に、野枝は声を上げて感動する。「何と云うすばらしい、そして生甲斐のある彼女の生涯だろう!」と。

野枝をとらえたアナキスト・エマの「婦人解放」への闘いは、「伝道と云う「奴隷の勤勉をもって働き、乞食の名誉をもって死ぬかも知れない」仕事に従事する人達の真に高価な「生甲斐」と云うようなもの」だった。野枝は五年後に書いた重大な小説「転機」や「乞食の名誉」などでくり返しエマの激しい人生に触れ、魅惑され、ほとんど憧憬のような心情を刻みつけている。背景には、家庭の中の「コンベンショナル」にもがき、押しつぶされそうになって、そこからの脱出を求める野枝がいた。

野枝が「日本のゴルドマンたらんとする程」熱を入れていたと辻は言う（「ふもれすく」）が、エマはそれほど強烈な影響を野枝に与えた。エマ・ゴールドマンは、野枝の「思想の母」（大杉）になり、野枝を飛翔させた。二女と三女に「エマ」と続けて名づけたことにもそれは、現れている。

大杉が書評で野枝の『婦人解放の悲劇』を褒めたのはしかし、彼女がエマに私淑したからではなかった。野枝が恋愛の経験の上から、根底に横たわる性の問題や経済、倫理問題などを含めた社会問題へ目を転じていかなくてはならないと感じ始め、それらにぶつかって行けば「血を流すまで戦っていく」しかできないから、今のところは遠慮している、と書いているところに大杉は注目したのだった。


これが若し多少、年を取った利口な人の事だと、僕は直ちに其の虚偽と誤謬とを喝破したいのだが年若い正直なN氏に対しては、黙って此の崇《たか》い心の発酵を待つ。


野枝への期待をふくらませた大杉の書評は予言のようでもあった。

野枝が『婦人解放の悲劇』を出す少し前、一九一四年の初め頃かららいてうに大きな変化が生じていた。家を出て、五歳若い画家の奥村博史《ひろし》（一八九一年生まれ）との共同生活を始めたのである。らいてうは、持論の結婚制度否定を実践した。二人はその年の六月ごろに、野枝と辻らの暮らす染井の近くに引っ越して来た。近くの野上が幼子を連れて大分の実家へ帰省していた九月、野枝と辻は留守番代わりに住み、野枝は忙しいらいてう夫妻のために二人も四人も同じだと、共同炊事を申し出た。

野枝は何ごとにも大雑把だったが、料理をする際にもそれがそのまま出たようで、金盥《かなだらい》を鍋の代わりに使ってすき焼きをし、鏡を裏返して俎板《まないた》にするような調子でらいてうをどぎまぎさせた。小間切れ肉のカレーライスやシチューまがいのものが続き、肉嫌いの奥村を閉口させた。共同炊事は長続きしなかった。高級官吏の「お嬢様育ち」のらいてうと、貧しい中で育った野枝のたくましさの違いでもあった。

野枝と辻はこの年もよく引っ越した。七月ごろには小石川区竹早町八二番地(現・文京区小石川四丁目辺り)に転居し、九月には野上宅の留守番に入り、一〇月に再び竹早町に戻っている。その直後、野枝は思い切った行動に出る。

『青鞜』最後の光芒

『青鞜』が創刊三周年記念号(一九一四年一〇月号)を発刊した後、らいてうは青鞜社の経営・編集・執筆などさまざまな困難に直面し、心身が悲鳴を上げ、とうとう一一月号と一二月号を野枝に委ねて、逃げるようにして奥村と一緒に砂丘の美しい上総・御宿《おんじゅく》海岸へ行った。記念号の前の九月号は創刊以来、初めて休刊にしていた。一時は、三〇〇〇部出ていた『青鞜』の売れ行きもぐんと落ちていた。

らいてうは御宿で今後のことなどを静かに考えようと思った。『青鞜』の創刊時の中心メンバーは、もう自分の他には誰もいない。一年遅れで飛び込んできた野枝がいるだけだ。若くてたくましい野枝がいなければ、たとえ二号分でも任せる人はいなかった。しばらく休刊か、あるいはもう廃刊にしたほうがいいのだろうか。いやいや、やはり私は『青鞜』を愛している——あれやこれや考えているところへ、逗留先の上野屋旅館に野枝から一一月号と長い手紙が届いた。一九一四年一一月七日である。

らいてう宛の野枝の手紙は、彼女の生涯の中で最も歯切れの悪い文章である。要約してみる（らいてう「青鞜と私」『青鞜』一九一五年一月号より）。

一一月号は、何とかやってみたけれど、自分には能力がないことが分かったので、一二月号はお断りしたい。やや殊勝である。だがそのことばの尻を切らずに、その気持ちは七分ほどだとトーンを落とす。

要は、今は宙ぶらりんなので、すべてを自分に任せてくれるなら、もう一度覚悟し直して「辻と一緒に」やってもいい、と積極的な姿勢を見せる。ところがそう言ったかと思うと、自分の本当の希望はこの面倒な仕事は、あなたが一人でやるのがベストだと混ぜ返す。それでも、あなたが忙しさに堪えられず、勉強をする時間が欲しいと思われるなら、無期限で編集、経営だけを引き受けても構わないと、また身を乗り出す。それでもやはりあなたが経営されるのが一番で、その場合は編集や構成は手伝いますと。身を乗りだすかと思うと、退いたり、半身になるなど野枝は忙しい。

最後は、とにかく一二月号は無理なので、あなたが東京へ戻ってきてやってほしい。とはいえ、せっかく静養しているあなたを引っ張り出すのは不快なので、熟考します――。

不得要領とはこのことかと思えるほどの、そして野枝らしからぬ何とも中途半端で、本心を覗かせたかと思うと、さっと隠す。遠慮や気遣いとは遠いところにいた野枝が、珍しく控えめになったり、腰が定まらない。臨時に任されるのはやりにくい、らいてうが一人でやるのが最善だが、それが不可能なら全部やらせてほしい、と偽らざる野心も見え隠れする。

辻との生活が限界に近づき、彼を働かせて場面を転換したい、それが野枝の本心だったのかもしれない。これまでも野枝は、場面を転換することで本能的に苦境を乗り切ってきたから。

らいてうも揺れた。混乱した。とにかく一二月号だけは出してほしい、何をするのも自由で、わたしへの気遣いは要らないと返事をして、数日考えた。揺れ続けた。一つの結論は、今年限りで「綺麗に廃刊することにしよう」。そのすぐ後で、もう一つの道が浮かび上がる。私が創り育ててきた『青鞜』への愛、それゆえの未練が膨らんで、廃刊はあまりにも惜しい。野枝という、現在の最大の理解者が全部任せてくれてもいいと言っているではないか、彼女に愛すべき『青鞜』の運命を委ねよう、と。でも不安もある。

らいてうは、野枝と自分の違いをよく分かっていた。野枝は、自分とは正反対で、激しい緊張の中で自己を発見し、たえず翔けるように動いていくタイプだということが。だから何が起こるか分からない。不安だ。迷ったらいてうが、野枝と話そうと東京へ戻ったところに、御宿から転送された野枝の封書が届いた。野枝は、全部私に任せるのか、それともあなたが続けるのかと、らいてうに決断を迫っていた。

らいてうが竹早町の野枝を訪ねたのは一九一四年の一一月一五日朝である。らいてうは、そのとき自分が九歳下の野枝に気圧《けお》された場面を描いている。

野枝さんは大変元気でした。活き活きとしたものがからだ中にあふれていました。私は大変力強い感じがしました。野枝さんの決心はもうすっかり極《き》まっているようでした。

野枝は、『青鞜』のすべてを任せてもらおう、すぐにでも手続きをと急《せ》きこむような勢いで、それはらいてうの不安を吹き飛ばすほどだったが、とりあえず結論は一七日に延ばした。流れはもう完全に野枝に行っていた。らいてうは一六日に決心して、野枝宛てに、『青鞜』の総てを譲るというはがきを投函した。

管野須賀子らが殺された「大逆事件」の直後に、「元始、女性は太陽であった」と謳い上げ、近代女性史の世界に鮮烈に登場し、画期的な提起をしてきた、モニュメンタルな平塚らいてうの『青鞜』は一九一四年末に幕を下ろし、一五年から二〇歳の野枝の『青鞜』になった。

『青鞜』譲渡のドラマチックな一件を詩人・堀場清子は、野枝が「もぎ取ったという印象を受ける」と評している(『青鞜の時代』)。わたしは野枝のすべてを飲み込むブラックホールのような底なしのエネルギーに息をのむ。「子守さんのような」野枝がらいてうの自宅に現れ、らいてうの心をぎゅっと摑んでからわずか二年ほどだから。

一九一五年一月号の『青鞜』には、譲渡劇の経緯について、らいてうと野枝の二人の原稿が掲載されている。らいてうは先に触れた手紙を紹介しつつ、野枝に任せてやり切れるか不安だが、雑誌を潰すのは惜しいので、積極的な彼女に総てを委ねるなどと揺れる心を正直に記しているが、野枝は違った。

若輩で、力量不足も承知しているが、と前置きしつつ、決意を表明する。

田舎者の私がどんなことをやり出すか見ていて頂きたい。兎に角私はこれから全部私一個の仕事として引きつぎます。私は私一人きりの力にたよります。

一年ほど前の「新しい女」宣言を彷彿させるような意気込みである。

野枝はしかしこの決意に違わない「仕事」を、『青鞜』誌上で展開する。貞操、堕胎、売春をめぐる論争だった。いずれも家族制度、社会制度、道徳や習俗・因習に深くからみ、国家の求める婦人像とぶつかる／対立する根の深い問題だった。野枝は『青鞜』を論争の場にしただけでなく、彼女も論争に加わった。

野枝らしさが最も現れたのが、貞操問題だった。論争は生田花世《はなよ》（一八八八年生まれ）の「食べることと貞操と」（『反響』一九一四年九月号）に、安田皐月《さつき》（一八八七年生まれ）が「生きることと貞操と」（『青鞜』一九一四年一二月号）で反駁して始まり、そこに野枝が分け入った。『青鞜』（一九一五年二月号）に掲載された野枝の「貞操に就いての雑感」を読めば、論争の主題が見える。野枝は言う。

貞操と云う言葉の内容は「貞女両夫に見《まみ》えず」と云うことだとすれば私はこんな不自然な道徳は他にあるまいと思う。〔中略〕

最も不都合な事は男子の貞操をとがめずに婦人のみをとがめる事である。これは最も婦人の人格を無視した道徳であると思う。男子の再婚あるいは三婚四婚は何の問題にもならぬが婦人の相当の人達の再婚は直ぐと問題になる、これは何と云う不公平な事であろう。男子に貞操が無用ならば女子にも同じく無用でなくてはならない。

野枝はさらに突っ込む。

処女を犠牲にしてパンを得ると仮定したならば私は寧《むし》ろ未練なく自分からヴァージニティを逐《お》い出してしまう。そうして私はもっと他の方面に自分を育てるだろうと思う。私はそれが決して恥ずべき行為でないことを知っている。現在結婚しつゝある、又、した、これからしようとする男子のうちに真に結婚するまで純潔を保っている人が幾人あるかと云うことを考えて見ると私はそれにくらべて女子のしおらしさをおもうと腹立たしくなる。彼等にはそう婦人の貞操を云々と云える資格のある人はいない筈である。

論争の端緒になった、処女を喪失しては幸福な結婚はできないという生田の考え方に野枝は反発し、幸せは「男女両人の愛の如何」だと言い切る。「何故もっと婦人たちは強くなれないのだろう」と苛立ちさえ見せる。最後に野枝は、女性たちに向かって奮起を促す。

つまらない貞操観に囚われて味気ないさびしい空虚な日を送りながら果敢《はか》ない習俗的な道徳心にわずかになぐさめられている気の毒さを――。何と云うみじめな事であろう。
あゝ、習俗打破！　習俗打破！　それより他には私達はすくわれる途はない。呪い封じ込まれたるいたましい婦人の生活よ！　私たちは何時までもじっと耐えてはいられない。やがて――、やがて――。

貞操は、戦前・戦中において女性の道徳の第一に上げられ、それを男系男子を家系とする家制度と社会制度が支え、戦後に家制度が崩れてもなお習俗のように生き続けてきた。野枝の直感的な主張は、管野須賀子が『牟婁新報』で書き続けた、身体から発する婦人解放の叫びと表現法は違っても重なっている。
野枝が全責任を負って編集・発行した『青鞜』はしかし、一九一五年秋から四カ月間にわたって編集責任者が不在になり、書店が代行して発行を続ける異常事態に陥った。野枝が突然、九州の実家へ辻と子どもと一緒に帰郷してしまったのである。何があったのか――。

野枝が帰京したのは師走に入った頃で、『青鞜』一九一六年一月号は彼女の編集責任で出た。二月号も何とか発行された。だがそれっきりで、休刊の告知もないまま途絶えた。事実上の廃刊であった。野枝には続ける意思はあった。少なくともその時は。だから休刊や廃刊の告知をしなかったのだろう。野枝自身と野枝を取り巻く状況に、止むを得ない、さらに生きる場を転回するような大きな変化が起きていたのだ。

少女の野枝を受け止め、粗削りで乱暴だが成長は間違いない、とその才能、手腕、情熱を高く評価したらいてうは、自らの手で廃刊しなかったことを地団駄踏むように悔やんだ。それでも、国家の求める女性像に切り込む重大な問題を『青鞜』という舞台で提起したのは野枝ならではであった。

大杉に出会う

オーストリアの皇太子がセルビアの一青年に狙撃されたのがきっかけで、一九一四年七月二八日に始まった欧州での戦争――第一次世界大戦に日英同盟を根拠に日本が参戦したのは、八月二三日である。

その一カ月ほど前のある日だった。突然、大杉栄が竹早町の野枝を訪ねてきた。彼女と親しくしていたアナキストの渡辺政太郎《まさたろう》（一八七三年生まれ）の紹介だった。大杉は初めて野枝と会ったシーンを彼の小説『死灰の中から』で描いている。

「ほんとうによくいらして下さいました。もう随分久しい前から、お目にかかりたいお目にかかりたいと思っていたんですけれど」

彼女は初対面の挨拶が済むと親しみ深い声で言った。

「まあ随分お丈夫そうなんで、わたしびっくりしましたわ。病気で大ぶ弱っていらっしゃるように聞いていましたし、それにSさんの「OとA」の中に「白皙《はくせき》長身」なぞとあったものですから、丈はお高いかも知れないが、もっと痩せ細った蒼白い、ほんとうに病人々々した方と思っていたんですもの」

「ハハ、、、、。すっかり当てがはずれましたね、こんなまっ黒な頑丈な男じゃ」

一言二言しているうちに、二人はこんな冗談まで交わし合っていた。しかし僕は、もう二年あまり以前の僕の雑誌Kの創刊号にあった事を、どうして彼女がこんなにもよく覚えているのか不思議でならなかった。〔文中Sは堺利彦、Oは大杉、Aは荒畑寒村。雑誌Kは『近代思想』〕

大杉はこの後、先に触れた（第1章五五頁）青鞜社講演会での女学生のような野枝の喋る姿を描き、そんな彼女の変わりようをこう続ける。

すっかり世話女房じみて了《しま》った姿に驚いて、暫く黙って彼女の顔を見つめていた。眉の少し濃い、眼の大きくはないが、やさしそうな、しかし智的なのが、其の始終莞爾々々しながら綺麗な白い歯並びを見せている口もとの、あどけなさと共に、殊に目立って見えた。

初対面で大杉は野枝にぐいと引き込まれた。

大杉が寒村と雑誌『近代思想』を創刊したのは、一九一二年一〇月一日である。「大逆事件」の処刑から一年九カ月後で、思想・表現の自由は朝が戻ってこないような闇の中に閉ざされたままだった。「大逆事件」のときは、「赤旗事件」(第4章一四二頁)で獄中にいた二人は救われたが、「冬の時代」の真っただ中で大杉を含めた社会主義者、アナキストが「事件」に言及する表現は不可能だった。大杉でさえといったほうがいいだろう。

大杉は、思想の自由にとって真冬の森《しん》とした闇に、たとえ一条でも光を射しこませ、風を吹きこませたかった。彼ら「主義者」にとって雑誌や新聞という表現の場は不可欠であった。手も足も出ない状況のなかで、大杉も寒村もいらいらしていた。先輩の堺はしかし「しばらく時機を待て」と止めた。そのうちに一年過ぎ、二年が閲《えつ》した。二人は「時機は自らつくるべきだ」と決断する。文芸誌なら何とかいけるのではないか。野枝が大杉との初対面の中で二人のことに触れたのは『近代思想』の創刊号に掲載された堺による大杉の人物評だった。野枝が『近代思想』を読んでいたのは、辻の導きだったのは前に触れた。

大杉は野枝を訪ねたころ、『近代思想』が「知識的手淫」に過ぎないと自虐的になり、同誌を廃刊して秋水らの起こした『平民新聞』(月刊)の復刊準備にかかっていた。一九一四年一〇月一五日、『平民新聞』が創刊された。題字は一一年前の秋水揮毫による「平民新聞」の筆文字を使い、題字下の欄外では「労働者の解放は労働者自らの仕事でなくてはならない」と、大杉の思想の核心の一つを謳った。四六四倍判、一〇頁の巻頭に大杉が「労働者の自覚」を、寒村が「君は僕の兄弟だ」(詩)を書き、高知・中村に建立された秋水の墓の写真を掲載した。大杉はまた第一次大戦に関わって「戦争に対する戦争」などの戦争批判を書いている。

刷り上がった創刊号はしかし、全頁が安寧秩序を害すると即日発禁処分に遭い、警視庁に没収されてしまった。当局は、印刷直後に没収するという「出口押収」で社会主義・無政府主義思想活動を徹底的に弾圧する姿勢を露わにした。「冬の時代」は明けないままだった。

発禁を知った野枝は、『青鞜』一九一四年一一月号の「編輯室より」で二人の行動を応援するメッセージを書く。『青鞜』がらいてうの手から野枝へ引き渡されることになった、ちょうどその頃である。

大杉荒畑両氏の平民新聞が出るか出ないうちに発売禁止になりました。あの十頁の紙にどれ丈の尊いものが費されてあるかを思いますと涙せずにはいられません、両氏の強いあの意気組みと尊い熱情に私は人しれず尊敬の念を捧げていた一人で御座います。〔中略〕書かれた事は主として労働者の自覚についてゞある。〔中略〕あたり前なことを云って教えることが何故にいけないことなのだろう、私は此処に出来ることならその一部丈でも紹介したいけれどもあの十頁すべてが忌憚に触れたのだそうだ。だからまた転載した罪をもって傍杖《そばづえ》でも食うような事になると折角私が骨折って働いたのが無駄になるから止めて置く。けれども大杉荒畑両氏には心から同情いたします。

大杉・荒畑の果敢な闘いへの野枝のエールだったが、かなり勇気のいる、そして危険なそれだった。『平民新聞』の創刊号発禁で、自由に対する国家の圧力を次第に気づき始めた野枝だが、その第二号（一一月二〇日）も続いて発禁処分になったことを知って、それを救うために渡辺政太郎に頼まれて自宅に隠匿している。第二号も刷り上がりの出口で押さえられるのを見越した大杉や寒村らは、同志の応援で、ダミーを使うなどして、発行部数三〇〇〇部のわずかでも救って読者の手元に届けようとし、野枝はそれに手を貸したのである。保証金を納めた合法的な新聞だが、まるで非合法のようだった。

大衆運動や労働運動が芽吹き、間もなく米騒動が起きるなど大正社会は「大正デモクラシー」と肯定的に言われ、自由の光が射しこんできたようだったが、その内実は危うかった。治安当局は「大逆事件」前後から社会主義者・無政府主義者、その同調者のリストを全国的に作り、尾行を日常的に行ない、ついに特高警察が誕生していた(一九一一年八月以降)。

治安維持法はまだ登場していないが、集会やデモを取り締まり社会運動を抑圧する治安警察法があった。表現の自由を抑え込む出版法、新聞紙法が存在した。人びとの表現や思想の自由、結社の自由はいつでも壊せるガラスの檻の中にあったのだ。だから秋水の意思を継承するような大杉らの『平民新聞』への弾圧は、天皇制国家を支える制度、道徳、因習・習俗などを揺るがすような表現活動は決して許さないという国家のメッセージだった。

『平民新聞』を応援し、発禁処分を救うために隠匿までして協力するようになった野枝は、これまでのように社会とは関わらない、社会問題に近づかないような生き方を変え始めた。エマ・ゴールドマンを知ってしまった野枝は、もはや社会の問題に目を閉じたり、触れないで済ますことができなくなった。

野枝は『青鞜』一九一四年一二月号でも、「雑感」の題で、再び『平民新聞』を応援した。自分は社会主義者でも無政府主義者でもないが、興味も同情も持っている。彼らは危険だと言われるが、そんなことはない。わずか三〇〇〇人ぐらいの彼らへの圧迫はあまりにひどいではないか。『平民新聞』が一、二号とも発禁にされたが、あんなものはどうということはない。政府は、ソーシャリストやアナキストの名前に恐れを抱き過ぎだ。それに、二人の仕事に積極的な支援をしない同志は、意気地がない、はがゆい――と。

彼女は意思表明するだけではなく、一歩進めて弾圧で財政的にも窮地に追い込まれている『平民新聞』の用紙を青鞜社で援助しようと大杉に申し出て彼を感動させる。『平民新聞』は三号も発禁になったが、寒村も大杉も屈せず、四号、五号と続ける。大杉は、野枝の応援に感動してお礼にクロポトキンの『麺麭《パン》の略取』を持って野枝を訪ねる。大杉には、野枝への恋の炎が燃え上がり始めていたが、自ら「彼女に恋をしてはならぬ」と彼は熱い心に水をかけ、フタをしようとしていた。

野枝は『平民新聞』の発行状態を逐一知っていたようで、第六号の印刷が当局の弾圧で引き受け手がないと知ると、今度は『青鞜』の印刷所を紹介する。野枝がかくまで協力するのは、大杉への好意だけではなく、何よりエマに出会って大きく世界が広がったからである。それは野枝の「成長」であった。

野枝の支援、協力にもかかわらず『平民新聞』は一九一五年三月発行の第六号(わずか三頁)も発禁にされ、ついに廃刊討ち死にした。

野枝の家庭経済を含めた生活状況は、依然としてとても苦しかったが、彼女はそれに耐えるだけではなかった。『平民新聞』への弾圧を知り、エマに刺激されて野枝の精神に火がつき、身体がひとりでに社会へ向き合うようになったのである。

大杉らの『平民新聞』への支援に動き出したその直後だった。野枝は思いもよらぬ出来事に襲われ、衝撃を受け狼狽《うろた》える。

須賀子と野枝は一〇年ほどのずれで、女性の解放と自由に、情熱を燃やし、表現にこだわっていちずに、時を惜しむように駆けてゆく。それは、暴力を内外に剝き出しにした近代日本のあり方への抗いでもあった。私たちは、二人のひたぶるような生のエネルギーと闘争心を生み、育んだ水源と水脈に立ち入らねばならない。

注

（1）二〇〇九年六月、岡山県浅口市の森近運平の妻・弓削繁子の実家で発見された厖大な書簡などに含まれている。発見者は高知県の近代史研究者の別役佳代さんで、私や森近運平の研究家の森山誠一氏らも発見に立ち会った。書簡解題は森山氏。

（2）弘前市の病院にいた嶋中(旧姓・田所)秀が弟の田所双五郎に宛てた一九六四年一月一七日付の手紙。元田辺市立図書館長だった杉中浩一郎さんが「かなり前に」筆写した。

（3）田辺伝道関係の記述は、主として田所双五郎『明治初期の紀南キリスト教　田辺教会史』に拠った。

第3章

貧困からの飛翔

『大阪朝報』時代の須賀子(1902年10月,『大阪朝報』10周年記念).

野枝，上野高等女学校卒業時の記念写真(上段，右から4人目．1912年3月).

1　忠孝思想との闘い——須賀子の水源

くり返す転居と転校

妾は、明治十四年六月七日、当大阪市北区衣笠《きぬがさ》町生まる。父は元京都所司代下の武士にして、母は同じ京都市浪人の娘なり。父は維新後、裁判官を奉職し、後《の》ち代言〔弁護士〕を業とす。後ち復《ま》た鉱業界に身を投じ、今尚之を業とす。

須賀子が『大阪朝報』に出した約六八〇字の経歴書の冒頭である。ここには父母の名はないが、戸籍調査をした故森長英三郎弁護士によれば、父は義秀、母はのぶである（以下、戸籍に関することは森長による）。姓は「菅野」で、名は「すが」となっていた。

須賀子の生まれた北区衣笠町は、現在の地名では北区西天満二丁目で大阪地裁・高裁と大阪弁護士会館に挟まれた辺り、中之島に近い堂島川のすぐ北になる。二〇一五年一一月に案内を乞うた、須賀子の名誉回復運動をしている市民団体の立石泰雄さん（一九三九年生まれ）の推測である。しかし大阪市の中心部であるこの辺りの変貌はあまりに激しく、とても須賀子の生まれたころの色や香りを実感するのは難しかった。

出生地や父母の出自などに続けて須賀子の経歴書は自身の学歴へと続く。

妾六歳の時、初めて今橋小学校に登校、七歳の時、高台《たかきや》小学校に転校、其年父母と共に東京に行き、麻布小学校に入学、二年生〔に〕なり、翌年転居と共に赤阪〔坂〕小学校に転校、尋常科四年生の時、再び当地に帰り、直ちに北区滝川尋常小学校に入校、間も無く終業試験を受けて、盈進《えいしん》高等小学分校に通学し、二年の後、家事の都合に依って退校す。

小学校低学年で転校、転校、また転校、大阪から東京、そしてまた大阪へと引っ越しが続く。新橋―神戸間の鉄路が通じたのは一八八九年で、一家が東京へ転居したのはその前年のようだから、引っ越しは大事だったろう。鉱山師の父が東京へ行った理由は分かっていないが、須賀子は数えで六歳から一一歳ごろまでの五年間に転居と転校を五回もしている。この体験は彼女の精神にどんな影響を与えただろうか。経歴書には兄弟や妹については書かれていないが、東京へ引っ越したころには母・のぶ、四歳上に益雄、三歳下に正雄の兄弟、それに祖母・りゑがいた。妹の秀子は東京時代の一八八七年に生まれている。帰阪してからも二度転居している。大阪へ戻った二年後の九二年、悲劇が襲う。

「母は幼なき妾等四人の兄妹を残して死去せり」。のぶは一一月一二日、数えで三六歳の若さで亡くなった。母の愛にまだまだ包まれていたかっただろう一一歳の少女・須賀子にとって最初の悲しみである。家事の負担や幼い妹の面倒、さらに父の事業の失敗が重なり彼女は高等小学校を中途で退学する。転居、転校、そして母の死――経歴書の淡々とした記述の行間から須賀子の口惜し涙がこぼれてくるようだ。

一家の転居は、その後もさすらい人のように続く。

其後、父に従って鉱業の為め、伊予国〔愛媛県〕西宇和郡に至る。山間不便の地なるを以て、学校に通う事を得ず。僅かに裁縫の稽古と、読本の素読位の家庭教育を受く。一ケ年の後、更に豊後国〔大分県〕直入郡竹田町に転ず。此の時恰《あたか》も小学校内に、補習科として比較的高等なる学科を授くる設あり、直ちに入学して同科を卒業す。

愛媛県へ転居したのは一八九四年二月、大分・竹田町へ移ったのは二年後の九六年一月である。あまりに移動が多く須賀子も省略したのだろうが、愛媛から大分へ転入する前年の九五年三月に同県大野郡に住み、さらに半年後の九月には直入郡内の豊岡村に転居している。わずか二年で四度も住まいを変えていたのだ。森長は義秀のことを「本籍移転症」とやや呆れたように記しているが、現住所の移動は仕事がらやむを得なかったとはいえ、その度に本籍を持って歩くように届け出ていた義秀は、官職経験だけではなくよほど几帳面な性格だったのだろう。

須賀子には、見知らぬ土地、人、ことばの違いなどを経験して物怖じしないたくましさや移動についての軽やかさが身についただろうが、ずいぶん嫌な思いもしたのではないか。いっぽうで負けん気も身についたかもしれないが、心の友ができる機会もきわめて少なかったろう。彼女の生涯には心友の影がほとんど見えないのは、少女時代の激しい移動と無縁ではない。

須賀子はしかし、度重なる転居、転校にもかかわらず、しかも家事全般を背負った中でも向学心を失わなかった。竹田町の高等小学校に補習科ができるとすぐに入学して、卒業していることが経歴書にわずか一行書かれてあるのを読むと、少女の須賀子が必死になって学んでいた様子が見え、胸が締めつけられる。

そんな中で、須賀子の一家は再び悲しい出来事に揺さぶられる。

> 大阪に残りし、祖母、及び兄の両人大患に罹るの報あり、即ち父と共に帰阪し、看護の労取りしが、不幸にして兄は二十一才を一期として黄泉の客となり、祖母も亦翌年兄の迹《あと》を追うて豊崎村本庄〔現・大阪市北区豊崎七丁目辺り〕の宅に於いて瞑目す。

兄の益雄は一八九六年七月二五日、祖母のリエは翌九七年一〇月五日に死去した。打ちつづく不幸とそれに伴う家事負担などが重なり、須賀子の向学心は断ち切られる。この間義秀は「すが」を「スガ」に、末っ子の「ひで」を「ヒデ」に変え、祖母の「りゑ」の名も亡くなる直前に「リエ」に改め、同じころ姓を「菅野」から「管野」に変えている。度重なる不幸に加えて、ヤマを当てるという職業柄、義秀は「験」を担いだのだろうか。

経歴書の末尾で、須賀子は学べなかった口惜しさ、苦悩を記した後に、思い切った行動に出たと記す。

> 両病人の看護の労を、一人の手にとりしが為め、久しく修学の余暇無く、加うるに、家事の困難に際し、其の後も尚修学の志を達する能わず、遂に断然意を決して、単身東京に出て、苦学医を修めんとす。その前に当たり、先ず自治の道を求めんが為め、京橋区某看護会に入会す。後赤十字社に入らんと欲して試験を受け合格す時に、父の命あり、大阪に帰る、………

後半の単身東京に出て云々以後の記述には、ベールに包まれたような不透明な経歴がある。森長の戸籍調査によると、第1章三八頁で触れたように須賀子は一八九九年九月七日に東京市深川区深川東六間堀町二番地（現・江東区森下一丁目、都営新宿線森下駅の南）の小宮福太郎と結婚し、「小宮スガ」になっていた。一八歳の時である。「小宮家は商家と言われている」とのみ森長は記しているが、須賀子はいつ、どこで小宮と知り合ったのか。看護婦になるための勉強中だったのに、なぜ結婚したのだろう。恋愛の結果なら、突然の結婚も不思議ではないが、彼女の後の語りなどからは恋の色香は感じられない。

それから三年後の『大阪朝報』時代の一九〇二年八月一九日、離婚届けが出されて「管野スガ」に戻っている。結婚は人生のかなり重要な出来事なのだが、彼女はそのあたりの事情については一切書き残していない。須賀子が自らの結婚と離婚について唯一語っているのは、「大逆事件」で尋問した小原直検事による聴取書である。

十七歳の時に或る商家に縁付きましたところ、私は元来読書が好きで、商売を好まぬところへ二十一歳の時父が中風に罹りましたから、父の看護を名として嫁入先を分かれ〔後略〕（一九一〇年六月三日、原文漢字カタカナ文）

「大逆事件」の検事聴取書や予審調書については、幸徳秋水が獄中から三人の弁護人宛の書簡で、捏造、隠蔽、改竄が少なくないので注意を促しており、信を置くことはできないが、須賀子の生い立ちの部分は「事件」のフレームアップとは直接につながらない語りである。聴取書からすると、東京での結婚は恋愛ではなく、望んだそれでもなく、子どものころからの自我の強い須賀子にも抗えない何かの事情が介在したことをうかがわせる。

腕白少女

須賀子には、自身や家族について直接書いたものは経歴書のほかにはない。それを補っているのが、七歳ぐらいまでの自身と家族の生活状況などを織り交ぜた一人語りの小説風の小品である。『大阪朝報』で八回連載した「おもかげ」が、それである（一九〇二年七―九月。マイクロフィルムで読めるのは五回分だけ）。幼いころの思い出話で半自伝とも言えないが、生い立ちの一端は影絵のように浮かぶ。「おもかげ」は、二〇歳の主人公「秋子」が語るスタイルで書かれている。要旨を原文にそって辿る。

――かつて裁判官だった父は何を思ったか、二〇数年前に突然辞職して、鉱山業を営むようになりました。鉱山師は「ヤマ師」と言われるようにうまく当たったときには良くて、実際に一攫千金の富を得たこともありました。でも失敗に失敗を重ねて、貧乏長屋に住み、明日の糧にも不自由する生活もありました。浮き沈みの激しい鉱山師など止めて、元の官職に戻ったほうがいいと、忠告する友人もあったのですが、頑固一徹の父は、「精神一到何事か成らざらん」と、死ぬまで鉱山業からは離れないと誓いを立てるほど「風変わりな人」でした。けれども、事業の失敗続きが重なった上に、病にも襲われてしまって……。

でも私（秋子）は、そんな苦境や困難にはへこたれませんでした。やはり父の子と言うのでしょうか、普通の子ではないと思っています。しとやかな令嬢でも淑女でもありません。たぶん「変性男子」なのだろうとさえ思っています。

私が生まれたのは、父が鉱山業を始めて六、七年のころで全盛期でした。しかも私の上には兄が二人でしたので、初めての女の子で母の喜びは一入《ひとしお》だったと聞きました。ところが私はひどい不器量でしたので、母は祖母や叔母などから前世によほどの罪業を犯したにちがいないなどとさんざん悪口を浴びせられたそうです。勝気な母は、それならどれほど醜くかろうが、完全な教育をして立派な娘に育てて見せると、ひそかに誓ったと聞きました。

私は幼いころから腕白で、大きくなるにつれてお転婆になって、なかなか手に合わない子どもだったようです。遊びでも、女の子らしくなくて、荒々しくて。いつも男の子とばかり遊んでいました。

私が五つぐらいの、年越しの寒い日でした。そのころ、家にはお手伝いの「下女」が数人いたのですが、「梅」という「下女」がお転婆な私にいつもつきっきりで、やかましく干渉するので、なかなか自由に遊べなかったのですが、たまたまその日は、京都から来客があり、「下女」たち全員がそちらにかかりっきりになりました。私は、その隙をついて外へ飛び出し、一三歳ぐらいの子を先頭に男の子ばかり六、七人と一緒に近くの堂島川へ遊びに行ったんです。子どもですから寒くても平気でした。男の子たちは、川岸につないであった一艘の小舟を見つけ「あの舟に乗って中之島へ行こう」と、舟に飛び移って行きました。もちろん私も一緒に乗りたかったので、「私も乗せて」と言ったら、年上の男の子が危ないからと止めたのですが、間に合いませんでした。もう私の体が動いていて、下駄を脱いで舟に飛び込んだんです。舟が岸から離れた瞬間で、私はドブンと川へ落ちてしまいました。

気が付いたら、自宅の座敷で寝かされていました。ちょっとでも目を離すとそんなふうで、私は母たちをずいぶん手こずらせました。

前にも話しましたが、私が五、六歳のころは父の仕事が盛んで、勢いがあって、伏見町（現・大阪市中央区）の大きな家に引っ越しました。そこで今橋小学校に入学しました。そのころ父も兄も私もみんな洋服でした。当時、洋服は珍しくて学校でも洋服は私一人でした。そのころでしたが、父と兄に京都の嵐山《あらしやま》へ連れて行ってもらったことがありました。私が着て行った洋服は、心斎橋の有名な洋服店で父が気に入って誂《あつら》えてくれたんです。それを着て、花帽子を被って、小さな靴を履いて……。


語り手の「秋子」は、須賀子と見ていいだろう。わずか五、六歳のころまでのきわめて断片的な思い出で、高台小学校へ転校するころまでは、大きな家に住み、数人のお手伝いが居て、かなり贅沢な暮らしをしていた情景が読者には見える。須賀子は、いわばお嬢さん育ちだった。

「秋子」のエピソードにある舟遊びの一件は、須賀子が記者志望の際に男にできて女にできないわけがないとしきりに主張した原点がここに見出せるようだ。

「おもかげ」の中には、母の確固とした生き方をうかがわせるところがある。須賀子の器量のことで周囲から責められた母がそれなら、「完全な教育をして立派な娘に育てる」と語っているところである。一九世紀前半の女性だった須賀子の母・のぶが教育で娘を自立させると胸を張ったというのだから、相当に自立した精神を持った女性だったようだ。須賀子はそんな母の勁《つよ》い精神を引き継いだのかもしれない。

「露　子」

その後の須賀子の歩んだ道、とりわけベールに包まれている一七、八歳の頃に自立のために東京へ出、結婚した事情などを知る手がかりとなる作品はないのだろうか。

一九〇五年一一月、京都にいた須賀子は『牟婁新報』に「露子」という小説を寄稿し始め、臨時の編集長時代の〇六年三月まで二四回連載した。小説の主人公「秋山露子」は、「一七か八位、中肉中背の豊《ふっ》くりした色白の丸顔」の女性で、結婚のいきさつを主題にした作品である。『牟婁新報』も欠号や欠損があり、「露子」も何回か欠けているが、ストーリーはほぼ分かる。

神奈川県のとある町の胃腸病院で見習い看護婦をしている秋山露子は、実家から急に帰ってくるようにと言われ、新橋行の電車に乗ったところ、大阪から仕事で来ていた生母の弟、叔父にぱったり出くわす。露子の父は妻に先立たれて間もなく、叔父の諫言にも耳を貸さず外に囲っていた花柳界の女性を後妻として家に迎えていた。

優しい叔父は、きつい継母のために露子や幼い姪らが辛い目に遭っているのではないかと心を痛めていたが、露子が継母によって見習い看護婦として住み込みで働かされるようになったと知って、困ったことがあれば大阪へ来るようにと手を差し延べる。

品川で叔父と別れた露子は、実家から何ごとで呼び戻されたのかと訝しく思いながら隅田川に沿った日本橋区浜町の自宅に急いでいたところ、学校帰りの小学生の妹に出くわした。しばらく見ぬ間に妹がすっかり痩せこけてしまったのに驚くと、継母が毎日のようにいじめるから、と訴えるのだった。と、急に妹が嬉しそうに訊く。「姉さんお嫁に行くんですってね？」。露子はえっ、と飛び上がらんばかりに驚いた。予想もしていなかった。

久し振りに家に入ると継母は、これまでと打って変ったような優しいことばで露子を迎えた。気味悪く思った露子だが、事業で失敗続きの父が継母の態度を引き取って一〇歳の女の子を持つ資産家の、顔見知りの宮本幸一の後妻になるようにと頼むのだった。継母になれとは……何とおぞましい。宮本には亡父の後添えで、何やら妖しく意地の悪い義母がいた。あまりに無体ではないか、と彼女は嘆き悲しむ。

父は露子が悲しむのを承知の上で、親のただ一つの頼み、親兄妹を助けると思って、この縁談を承知してくれと涙を流さんばかりであった。鬼のような継母は猫なで声で手を合わせ、是非にもこの縁談を受けてほしいと迫る。若い露子は、かつて恋心を抱いた青年を思い浮かべて、いっそう心が乱れた。

そのときの露子の動揺と、それに抗うような心情を、作者（須賀子）は掬い上げるように記す。

　我が身が頭の振りようで、我が家の運命が善か悪かの何れか一つに定まる事と迄言われた其時、深く考えるの暇も無く、犠牲！〳〵の言葉を心の中にくり返しつゝ〔後略〕

縁談を承諾すれば、父の借金の返済資金を融通してもらえるというわけで、結局露子はこの不条理な結婚を泣く泣く受け容れる。作者は露子になり代わって、強いられた結婚の理不尽さの根っこを問う。

東洋思想の片手落ちな親孝行という曲がった鎖は、老い先永い露子をして、犠牲の二字に屈伏せしめ、七重八重に其の身を繋いでしまったのである。

泣く泣く結婚するその日の露子の姿を、作者は再び捉える。

花嫁露子が、犠牲の二字に其の身を捧げ、涙を隠す厚化粧悲しく、屠所に牽《ひ》かる、羊の思いで、愈々《いよいよ》宮本家へ輿入れの日とはなった。

露子は、姑と意地の悪い親戚らに、まるで敵のように苛められる日々が続くが、作者は露子の心の襞に分け入る。「一旦犠牲の二字に身を捧げた彼女は、涙を飲んで、飽く迄も忍耐するのであった」と。父も継母も、娘の結婚で相当の資金を手にすると、露子の「犠牲」による深い哀しみを汲み上げようともしなかった。ここまでのストーリーは新派劇風だが、この後の展開はちがった。

作者は、露子という主人公を通して女性の人権を奪う根源を見つめ、その根っこにメスを入れる。

噫《ああ》、此の残酷な忍耐は、そも何者がさせるのであろう。
夫《それ》は只一つ、忠孝主義の、教育の力に他ならぬのである。
非理にも、君の為には命を捨てよ。
非道にも、親の命には背く可《べ》からず。
と。噫、斯《か》くて古来、幾多の人が、自由なき奴隷と成り終わりしぞ。

実に露子もその一人である。彼女は己が一切の、天授の自由と権利を打ち捨て丶、人間最上の美徳と称えられる孝の犠牲と成ったのである。否、彼女は、天授の自由と権利を打ち捨てたのでは無い。今日の我が社会の、偏した教育の結果として、忠孝以上に、人間のとる可き、大なる真理……道のあることを全然知らなかったのである。

小説「露子」は、作者である須賀子が最も言いたいところを解説するスタイルで構成されている。須賀子がこれを書いたのは、忠君愛国を疑わなかった大阪朝報時代の作品「おもかげ」から三年以上経っている。すでに結婚と離婚を経た二四歳の須賀子は自らの過去を対象化して捉え、社会主義にも触れ、忠孝主義がどれほど人間の自由と権利を踏みしだいてきたのか、その根源が忠君愛国思想に基づく教育勅語を柱にした教育にあるとまで批判できるところにたどり着いていた。二〇世紀の初め、女性の人権を虐げる根っこに忠孝思想ありと認識できた人がどれほどいただろうか。

小説「露子」の主人公は、一七、八歳ごろまでの須賀子の自画像であり、自らそれを批判的に語る七年後の須賀子という文脈に置けば、この作品は創作であっても、彼女の生い立ちの見えなかった重要な部分を浮かび上がらせる、自己投影の作品である。そうすると、経歴書にある看護婦の勉強と結婚にかかっていたベールの内部もいくらか透けてくる。

須賀子の結婚は父の借金が理由だったかどうかは別にしても、検事聴取書で彼女が仄《ほの》めかしているように、決して自ら望んだ結婚ではなかった。恋愛結婚には程遠かった。「露子」には、一七、八歳の主人公露子、すなわち須賀子ら当時の女性を縛り、あるいは鎖になっていた状況を象徴することば、家の「犠牲」

が頻出する。これもこの作品を読み解くキーワードで、書き手の須賀子の成長を物語っている。「露子」は須賀子の生い立ちと成長を知る上で重要な作品であった。

『大阪朝報』から『牟婁新報』を通じて、須賀子の生きる上での一貫した主題は女性の権利を根底に置いた解放と自由である。彼女は記者になると同時に急《せ》くように、このテーマを追っている。女性を奴隷視する男性の意識、在り方を痛烈に、徹底的に批判し続ける。彼女の中に、このテーマのマグマだまりがあったかのように。

新聞記者になってからそのようなテーマを急に持ったとは、彼女の文脈からは考え難い。記者になる時には須賀子は、すでに当時にあっては画期的な女性の人権意識を持っていた。宇田川文海という自由民権思想を生きた表現者による触発や薫陶もあったろうが、それだけではなく彼女の心と身体から発するものがあったのではないか。「露子」で語られているように、忠孝思想による「犠牲」が強いられてきたことへの批判のほかに、彼女が女性の解放と自由を目指してひたむきに翔けていくエネルギーを生み出すカギが彼女の生の中に埋め込まれていないだろうか。

須賀子には実は、七歳離れた異母兄がいた。その事実に彼女がさりげなく触れたのは、一九〇六年一月九日付の『牟婁新報』に寄稿した元日の思い出話の一節である。「世に亡しと思いし兄上に、ゆくりなくも逢い参らせ、生来始めて愉快なりし元旦」と。異母兄の存在を知り、再会し、男である父への何がしかの懐疑を含んだ感情を抱かせることになったのではないかとも想像させるが、それを語るものはない。

須賀子の検事聴取書には、納得できない結婚だったと述べる直前に、こんな語りがある。

私の実家は元相当に豊かでありましたが、私が十歳の頃父は鉱山業に失敗して、急に生活に困難を来し、次いで十一歳の時に母を喪い継母の手に育てられましたが、常に不愉快の生活をなし〔後略〕

生母が亡くなった直後に、継母に育てられ、それは「常に不愉快の生活」だったと語っている。須賀子が継母について他に直接、触れているのは「大逆事件」で死刑判決後に書いた獄中記「死出の道艸《みちくさ》」の中で「父上や継母と共に遊んだ有馬」と記しているところである。刑死直前で、思い出の一コマとして記されているだけである。須賀子の生涯を早くに、かつ綿密に追った石川啄木の研究家だった故清水卯之助の調査によると、義秀は妻・のぶが病死してから一年三カ月の間にある女性を家に入れたという。清水作成の年譜には「明治二十六年（一八九三）　十三歳　継母（年齢、氏名ともに不明）入り込む」という記述が見える。であれば継母は、愛媛や大分への転居にも一緒だったわけで、須賀子の検事聴取書の「継母に育てられ」は符合する。森長はしかし、継母については「戸籍上、義秀は後妻をもらっていない」と記している。家族の戸籍にきわめて忠実、厳格だったはずの義秀が、妻の死後に子どもたちと一緒に暮らしていたはずの「後妻」についてその存在を明らかにしていないのである。

義秀はいったい、どういう経緯でその女性を須賀子らの継母にしたのだろうか。どこで、どのように知り合ったのだろう。須賀子にとっての父・義秀の存在が気になる。義秀はどんな男だったのだろう。

小説「露子」には、継母「お駒」が登場する。露子の父は、病妻の生存中に花柳界の「お駒」と懇《ねんご》ろになって囲っていた。妻の七十七日が過ぎる間もなく父は、叔父の諫めにもかかわらず、その女性を継母として迎え入れている。継母「お駒」は、露子やその妹、弟を抑圧する存在として、おぞましく描かれている。そこには、取りも直さず男である露子の父への批判的な視線が蔵されてある。同時に、家庭の外に囲われて生きる女への露子の蔑視感も滲んでいる。

検事聴取書には、継母が不愉快な存在として語られていて、「露子」の継母と重なる。とはいえ露子の「お駒」のモデルが、須賀子の継母だと言い得るには、実の継母についての語りがあまりにも少ない。

明治前期の生まれの須賀子は、経歴書からも士族の娘としてのプライドのような気分を持っていたと思われる。義秀の山っ気と頑固さによって天にも上る豊かさと、地の底に沈むほどの貧しさを体験させられはしたが、ことばの端々から須賀子の父への敬愛の情が深かったと感じられる。

しかし生母亡き後の須賀子には、父を通して立ち上がる男とそれに連なる社会の周縁に生きる女の存在が意識されるようになった。そして家庭内の父親である男への視線と、性を商品化して（と当時の須賀子が理解していた）生きている女性の存在が合わさって女性の人権侵害の要因になっていると感覚的に理解した。それが『大阪朝報』の記者現場でどんどん発酵していったのではないか。――これは、須賀子の生い立ちの中にある、ほんのわずかな語りにすがった推測ではあるのだが。

須賀子が記者になって以後、渾身の力で取り組んだ女性の解放と自由を求める精神が、どうして生まれ、形成されていったのか。その原点、原風景はどこにあって、それは何かを摑むのが生い立ちへの介入なのだが、須賀子の二一歳までのピースはそれを形成するにはあまりに不足している。それでも小説「露子」は、そんな彼女を捉える重要な手がかりになる作品である。社会主義に出会うまでの彼女が女性を虐げる忠孝思想を刷り込まれ、それがいかに女性に過酷な犠牲を強いたのかを、「露子」は不十分でも語っている。忠孝思想こそ、家制度の中で女性を虐げる根源的なそれであり、女性を縛る構造にもなっていたことに気づいていく主人公は、須賀子その人だった。そして彼女は飛び立った――。

貧困と家族の不幸から上へ上へと駆け上がっていった須賀子を追うようにして登場した少女・伊藤野枝は、忠孝教育、良妻賢母主義の真っただ中で育った。野枝はしかしそうしたことを気づかせないかのように「成長」し続けた。「みんな人は成長したがっていた」「野枝さんはメキメキ成長した」。二〇世紀初頭の空気と意識を表象する辻潤の回想は、二一世紀の現在までも貫く。日露戦争、韓国併合、思想を踏みしだく潮流の中で「成長」していった野枝の原形を求めて、玄界灘を望む福岡・今宿へと足を向けた。

2　越え切れん坂を越えた野枝

口減らし

海は日々、そして刻々と表情を変える。

野枝は小さいころから生まれ故郷の今宿の海が好きだった。悲しくなると、手を伸ばせば届くところに広がっている潮騒が耳たぶを打つ渚へ行った。水面から顔を出して呼吸をすると、次にどこで顔を出すか分からない不思議な、水鳥のケツクロウにわが身を重ねた。一七歳の処女詩の「東の渚」(第1章四八頁)は稚拙ではあっても野枝の寂しい心象風景が詠《うた》いこまれてある。

野枝と大杉の遺児の一人で、今宿で一歳から育った四女の伊藤ルイは、晩年になるまで両親についてはほとんど語らなかったが、野枝と同じように今宿の海を愛し続けた。

私の愛をどれほど注ぎ込んでも自らの心が満ち足りるとも思えぬほどに愛してやまぬ今宿海岸。

幼いころから心の奥深いところに巻きつけていた記憶の糸巻をゆるゆると引き出すように語ったルイの六三歳のときの詩情豊かな自伝のような作品『海の歌う日』の冒頭である。

野枝は、辻も大杉も今宿へ連れて来た。大杉は今宿の海の景色を須磨や明石よりずんといいと愛《め》で、地引網で獲れたイカの刺身が絶品だと喜んだ話を、ルイは祖父母から聞かされた。

福岡・天神から地下鉄とJRの筑肥《ちくひ》線を乗り継いで約三〇分で今宿に着く。わたしの訪れた日、乗降客は多くなく、賑わしい駅ではなかった。

二〇一五年の晩秋の候、今宿の海を案内してくれたのはルイが最も親しくしていた友人の一人、梅田順子さん(一九三一年生まれ)である。今宿駅から北へ約二〇〇メートルほど行ったところ、唐津街道を渡ると角に交番がある。

「前は駐在所で、野枝さんらが殺されてしまった後にできたと聞きました。ルイさんが本にも書いていますが、駐在所からルイさんらの暮らしていた海岸べりの伊藤家が一直線で見通せて、出入りする人の見張り小屋になっていたそうです」

梅田さんは歩きながら問わず語りにそんな話をするのだった。駐在所が出来たのはファシズムの嵐が吹き始めた一九三〇年代前後のようである。今は福岡県西警察署今宿交番になっているその角から海岸までの狭い道は、ほぼ真っ直ぐに伸びていて約六、七〇メートルほどだ。軽乗用車がやっと一台通れるかどうかのその道を抜けるとぱっと視界が開ける。

　今宿の海岸は、あくまで碧い海とさらさらとした白い砂浜のコントラストが強烈で、目に沁みて満ちてくる。「干潮のときは、砂浜を歩けるんですよ」。梅田さんはそう言ったが、潮が満ち始めていて歩けなかった。今宿の浜は今津湾に臨み、形状は右手の妙見岬、左手の毘沙門山に抱えられるように孤を描いて大きく伸び、長い松林が続く。右手の松林が東松原で、見事な枝ぶりの大きな松の樹木が帯のように続き「生きの松原」と言われる部分を含む。左の西松原は松林と言えないほどぽつぽつとあるだけだが、野枝のころは豊かな松林が広がっていた。今は市営住宅が三棟建ち並んである。

　今津湾を近くの小高い山から見下ろすと、東松原と西松原一帯を含む白い渚が両翼を大きく広げた鳳《おおとり》のように見えるので地元の人は、かつてはここを鳳渚と呼び愛でていた。ルイはそう記している。その鳳渚の嘴《くちばし》付近に小さな鳥居のある二宮神社を背に目を転じるとほぼ正面に楕円形の、牛が寝そべったような島が視界に入る。能古島《のこのしま》である。その向こうに志賀島《しかのしま》が、さらに視界の右端に「海の中道」が微かに見える。梅田さんにはルイの思い出話を聞いた後、わたしは今宿で三〇年ばかり地域の郷土史家として、野枝についての語り部をしている大内士郎さん（一九四三年生まれ）に会った。

「博多湾に抱かれた今津湾は、大きくは玄界灘につながっています。野枝さんは、叔父の代準介さんに教えられて、遠泳がとても得意でした。ここから能古島まで泳いだそうです。四キロはありますね。一四、五歳のころだと聞いてます。私も挑戦してみたのですが、とても無理でした」

　大内さんは、野生味たっぷりだった少女野枝の馬力に舌を巻きつつ能古島に目をやった。

1920年夏ごろに野枝が書いた色紙.

台風や一二月の半ば過ぎからの玄界灘を渡ってくる季節風の強いころには、波は激しい音とともに立ち上がるように陸地を襲い、野枝の育った海岸べりの家にまで迫ってくることも珍しくなかった。

「あのすごさは、歯を食いしばり、こぶしを握りしめて立っていなければ打ち倒されるような激しいエネルギーをぶっつけてくる壮絶さ」とルイは書き、野枝は叩きつける詞を色紙に残した。「吹けよ　あれよ　風よ　あらしよ」。色紙を掲載した『大杉栄全集別冊　伊藤野枝全集』（一九二五年）のグラビア写真の詞と筆は、今宿の激しい海に似て、あるいはそれに立ち向かう精神をはぐくんだ野枝その人を表象しているようだ。

一九八五年ごろまで、野枝の育った家の木戸近くに、「伊藤野枝生誕の地」と書かれた標柱があった。建てたのは今宿公民館（現在は玄洋公民館で野枝の時代には役場）の館長だったと、長く公民館主事をしていた大内さんは明かす。

「私も実は、野枝さんの生まれたのがそこだったと思っていたのですが、いろいろ調べているうちに出生地は、別のところだと確認できました」

当時の住所地番でいえば、福岡県糸島郡今宿村大字谷一一四七番地（現・福岡市西区今宿一丁目）だったが、当時は確認できなかったので育った家を生誕地にしたのだという。生家と育った家とは歩いてわずか一〇分足らずのところである。

「ここが野枝さんの生家です」。大内さんが教えてくれたのは、かつて小倉と唐津を結んでいた唐津街道という往還（旧街道）に面した住宅で、そこには製畳店の看板がかかっている。野枝の生家の道路を挟んだ向かい側に役場があった。

「野枝さんが生まれたときは、お祖父さんのころから傾き出した家運が相当に悪く、お父さんの代で生家を手放し、ここで間借りをしていたようです。今宿には、今宿瓦という名の通った瓦があり、お父さんは瓦屋さんに働きに出ていましたが、腕のいい芸術家肌の人で、気が向かないと働きに行かなかったそうです。それで生活を支えたのが、働き者のお母さんのウメ（戸籍名・ムメ、一九五八年没）さんでした」

小さな今宿村で、伊藤家は港と宿場町の利点を生かして、江戸時代の初めごろから屋号「万屋」という海産物問屋と諸国回漕問屋をかなり手広く営んでいた。明治維新の激動と交通網の激変によって村自体が寂れ、その影響をまともに受けた伊藤家の商いは一気に没落していった。父の与吉（戸籍名・亀吉）は何とか立て直そうと農産物加工業に乗り出したが、歯止めはかからなかった。野枝は後年、書いている。

> 私の生まれた村は、（中略）今はもう昔の繁盛のあとなどは何処にもない一廃村で、住民も半商半農の貧乏な人間ばかりで、死んだような村だ。（「無政府の現実」）

野枝は、そんな「死んだような村」の伊藤家の第三子、長女として生まれた。与吉が日清戦争で戦地に動員されていた一八九五年一月二一日、珍しい大雪の未明だった。びっくりするほどの大きな産声だったと、野枝の三女の野沢笑子（二〇一三年没）は祖母から伝え聞いている（『野枝1』「月報①」「子供の頃の母」）。

「やんちゃで元気が良く、自分の気に入らないと大声で泣き喚く」とも。

上には吉次郎と由兵衛の二人の兄がおり、後に妹・ツタ、弟・信雄（夭折）、清が生まれている。年譜によると、野枝が今宿尋常小学校（四年制）に入った一九〇〇年のころには、与吉は生家を手放し海沿いの借家に移っている。そこが現在、野枝の甥の伊藤義行さん（一九三五年生まれ）が暮らしているところで、「野枝生誕の地」の標柱のあった家である。

零落した伊藤家の経済は、目に一丁字もない母のウメの肩にかかった。

「祖母は本当に頑張り屋さんで、黙々と働き、決して音《ね》を挙《あ》げませんでした。土方をし、塩田や百姓の手伝いをして、日銭を稼いで、食事の用意をする、子どもだけでなく、舅のためにも。黙々と。すごい人でした」

義行さんは端正な語り口で、九三歳で亡くなったウメを讃える。野枝は母のそんな姿を生まれたときから毎日、目にして育った。生来勝気でしかし、感性豊かな野枝の身体に何とかしなければというエネルギーが溜まっていったのではないか、義行さんは叔母・野枝の子どものころの思いをそんなふうに想像するのである。それを母のような生き方はすまいという野枝の決意だと解釈すれば、一八歳で『青鞜』に書いた「新しい女」の烈しい宣言は、彼女の奥深いところで燃えていた母の生き方への否定のメッセージだったのかもしれない。野枝の否定はしかし、ウメのエネルギーを無意識に継承したそれだった。

貧しい上に、子だくさんの家庭の経済には限界があった。口減らしの荒波を長女の野枝がまともにかぶった。一九〇四年三月、尋常小学校三年を修了した野枝は翌四月、筑後川の河口に近い柳川《やながわ》に接する三潴《みずま》郡大川町（現・大川市）榎津《えのきづ》の叔母・マツ（与吉のすぐ下の妹）の婚家先の養女に出される。マツの夫は、博奕打ちだった。マツの家から榎津尋常小学校四年に編入した野枝は、翌年卒業すると同時に、マツが夫に堪えられず別れたために再び今宿へ戻される。野枝にとっては辛い一〇カ月だった。

今宿に戻った野枝は、四キロほど離れた隣村の周《す》船寺《せんじ》高等小学校（当時は四年制）に入った。すでに全国の小学校には一八八九年に天皇・皇后の写真が、九〇年には教育勅語の謄本が下付され、忠君愛国の国家教育が浸透していた。野枝がそれをどう受け止めたかは、後年の語りにはない。野枝は周船寺高等小学校の三年を修了すると、今度はもう一人の叔母・キチ（与吉の末妹）が後妻になっている長崎の代準介の許に預けられ、一九〇八年四月から市内の西山女児高等小学校へ転校した。与吉と同郷の代は当時、三菱造船所に材木を納入する商売の絶頂期にあったが、野枝は転校してわずか八カ月後の一一月末に、叔父が東京で事業を始めるためにまたも両親の許に帰され、周船寺高等小学校に再編入し卒業する。

口減らしのために少女の野枝は、高等小学校を卒業する一四歳までの五年間に五校も転校を重ね、他家で暮らす経験を強いられた。度重なる転校は管野須賀子に似て、野枝にも高等小学校を卒業するまでには心友ができなかったようだ。二度の他家での暮らしで口惜《くや》しさ、屈辱、反発、悲しみなどをずいぶん味わった。野枝自らも言うように自我が強く、可愛げない子どもだったのも無関係ではなかろう。周船寺高等小学校の卒業記念の写真の中の野枝は、他の子どもと違って「横を振り向いて突っ立って」いたという（一九二三年一〇月五日付『福岡日日新聞』）。当時の野枝の気分だったのだろう。

少女時代の負けん気の野枝が最も耐え難かったのは、養女に出されたことだった。

「わたしゃあ、どげんことがあっても、子供を人にやるようなことはせん。どげん苦しゅうても、それだけはせん」

野枝が子どものころの貧しさなど辛い思いをストレートに表現した語りはほとんどないが、ウメにこうつぶやいたことをルイは聞かされている（松下『ルイズ』）。母に向けたこのことばはしかし、後年ブーメランのようにわが身に向かってくるとは、野枝は想像もしなかっただろうが。数え切れない辛さと忍耐、そして毎年のような転校が、野枝の生来の反発精神をさらに膨らませ、子どもらしくない性格になったと野枝自身が分析した二一歳の文章がある（「西原先生と学校生活」）。

私は本当に子供らしい無邪気さをあまり持ち得ませんでした。私はまたその上に小学校を卒業する僅かな年月の間にすら、幾つかの学校を経めぐり色々な先生の手に渡りました。そうした変化の多い私は他の生徒のように単純に先生の仰云《おっしゃ》ることに対して信をおき、服従する程善良な生徒ではありませんでした。〔中略〕私の偏った、また非常にませた性格は何時でも何処の学校でも悪《にく》まれました。

一三歳のときに預けられた長崎の代家での生活は不自由な面もあったが、少女の野枝が闘志を燃やし、飛躍していくきっかけとなるような出会いもあった。代の家には野枝の二歳上で、学年は一年違いの先妻の子、千代子がいた。半世紀以上前に野枝の生涯を追った岩崎呉夫が存命中のキチから聞いた話がある。

はじめのうちは千代子と張合ってムキに自分を主張しようとしていました。躾《しつけ》のことで喧しくいうと、すぐふくれて泣くのです。声は決してだしませんで、ポロポロ涙をこぼしましてね。けれどもとにかくハキハキして、役に立つ子でしたよ。（岩崎『炎の女　伊藤野枝伝』）

野枝の強情と負けん気を叔母はよく摑《つか》んでいた。代準介という人物との出会いも大きかった。代は国粋主義の団体、玄洋社の頭山満《とうやまみつる》とも親しく、後の野枝や大杉とは思想的に明らかに対立したはずだが、彼女の死後まで実によく面倒を見た。太っ腹な実業人だった。

悲哀の歌

野枝は小さいころから、活字が好きで文才があった。綴り方が得意で、先生が題を与えると、他の子どもたちが頭を抱えているのを尻目に黒板にすらすらと書いてしまうほどだった。そんな話を大内さんは、よく聞いたという。似たような話は、野枝の高女時代にも語られてある。同級生の花沢かつゑ(第1章四一頁)は、野枝の目が素晴らしくきれいだったことと、粗野な感じもあったと記した後で、羨望の眼差しを向けて思い出をこう続けている。

文才にかけては抜群で、私共は足許へも及ばない程でした。(中略)作文の時間に一生懸命貧弱な頭をしぼって考えたり書いたりしておりましても、いつも野枝さんは自分の好きな本を読んだりしていて、作文など提出した事がなくともいつも成績は優を頂いておられたとの事でした。(「鶯谷の頃から」)

活字好きについては三女の笑子が祖母から聞いている。野枝が小学校に上がって間もないころの話である（「子供の頃の母」）。

言い付けておいた用事をやらないので懲らしめに押し入れに閉じ込めると、暫く泣いていたがいつか静かになっている。泣き寝入りしたのかと思ってそっと襖を開けてみると、何時の間に持ち込んだのか蠟燭に火を点して、壁に貼った古新聞のかな文字を熱心に読んでいた。

掃除を言い付けると、暫くは勢いよくはたきをかけている音がするが、間もなく静かになる。終わったのかと見にいくと、右手にはたきを持ったまま左手に抱えた本を読んでいる。そんなことがしょっちゅうだったという。ルイも笑子もうっすらとした影のような記憶しかない、国家の暴力で奪われた母・野枝を、祖母の語りから心に縫い込んでいた。

長崎は今宿村とは段違いの大都会で、野枝には触れたこともない雑誌や本が日々目に飛び込んできて、彼女の向学心は大いなる刺激を受け、世界は一気に拡がった。このときの影響と思われるが、周船寺高等小学校へ戻って以降、彼女は東京の新聞や雑誌に短歌などをしきりに投稿し、時に賞を得たとも伝えられている。野枝の全集には、少女時代の作品は収録されていないが、第三巻の資料編中に野枝らの葬儀を伝える一九二三年一〇月一七日付の『福岡日日新聞』があり、記事中に野枝の短歌が二首紹介されている。

死なばみな一切の事のがれ得ていかによからん等とふと云ふ
みすぎとはかなしからずやあはれ〳〵女の声のほそかりしかな

早熟だが、ずいぶん哀しく淋しい歌である。当時の野枝の心を投影していたのだろうか。作歌時期は数え年で一四、五歳のころで、歌稿数十首があったと記事は伝えていた。

野枝の地元の『糸島新聞』には、一九二三年一〇月二四日付一面に「野枝の和歌／小学校時代」の見出しの記事があり、周船寺高等小学校時代の歌稿六〇余首を紹介されたとあるから、おそらく『福岡日日新聞』と『糸島新聞』は同じ取材によっている。『糸島新聞』は前掲の二首ではない別の九首を紹介している。全集には収録されていないので、すべて掲載されたまま引き写しておこう。

群衆にまじりて聞きし一節の女の聲の頭にしみぬ
日は沈む浮びし儘の讃美歌を只譯もなく歌ひてあれば
鏡とりて淋しや一人今日もまた思ひに倦みて顔うつし見る
鏡見ればつめたき涙傳ひたる後のしらじら光る淋しさ
頬を傳ふ涙つめたし橋に立てば杉の梢に夕陽の入る
雨の日は苦しき心しかと抱きかすけき強き音に聞き入る
夕雲よ白帆よ海よ白鳥よあゝ日は沈むさびしき思ひ出
赤き頬かゞやく瞳思ひ出づ火鉢に凭《もた》れ机に凭れば
なべて皆瞳にうつるもの悲し梅の蕾の仄白き夕

これらの歌も一四、五歳の子どもとは思えないほどあまりに淋しく哀しく、孤独である。記者は六〇余首あった歌からなぜこの九首を引き抜いたのか。残りを読んでみたいが、野枝の歌稿（ノート）の行方はいまとなっては分からない。いずれも長崎から戻った周船寺高等小学校の四年生時代か卒業後だろう。

野枝の甥の義行さんに野枝の歌を見せたところ、「野枝が歌を詠んでいたとは知りませんでした。それを知ると、笑子（作歌名・恵美子）が歌詠みだったのも合点がいきますね」と言って、笑子の歌集を差し出した。一九八八年に上梓された『歌集　天衣《てんね》』だった。

野枝のこうした文学的才能やセンスは、歌舞や音曲の趣味を持っていたという与吉よりも、祖母のサト譲りだったようだ。文才があり、書もすぐれていたと聞いた。「気性ははげしく、男まさりだった」と、岩崎は『炎の女』に記している。

甥の義行さんはその後の野枝の表現活動も見すえて、彼女の文才の根っこには寂しさがあったのではないかとつぶやいた。それがバネになって花が開いたのではないか、それは野枝のコンプレックスと言い換えてもいいと言うのだった。

すべてを抱え込んでくれるような海のすぐそばで育ち、毎日貧しさの中にいて、転校をくり返し、二度まで他家での生活を余儀なくされた少女の胸膈に寂寥と哀切が染みこんで何の不思議があろう。貧しさゆえに読みたい活字に十分に触れられない口惜しさもあった。生来の負けん気の野枝は、それらを全部体の中に取り込んでいった。野枝の歌に影のように付いている孤独が理解できる。野枝はしかし、それをエネルギーに変えた。高等小学校を出た後、野枝が短歌を作った形跡はない。自由に生きはじめた自身の歩みが散文的になって噛み合わず、じれったくなったのかもしれない。

飛び立つ

野枝は生きることにかけて実にたくましかった。

ルイは、祖母からこんな話を聞き書きしている。その日の食事さえ事欠くような貧しさの中でも野枝は、一日の仕事から帰ってくる母のために夕食を残しておこうという妹に向かって「でも私はまだ腹いっぱいになっとらんもん」といって食べてしまった（『海の歌う日』）。妹も空腹だったに違いないが、野枝は母も妹も押しやってでも生きるという強烈な渇望感があったのだろう。それは食に限らなかった。

「ここが野枝さんが勤めていた今宿郵便局です」

大内さんが指し示したところは、育った家からわずか一〇〇メートルもない往還に沿った角地の建物だった。一九〇九年三月に周船寺高等小学校を卒業した野枝は、近くの今宿郵便局の事務員になった。向学心が強く女学校に行きたかった野枝には辛い就職だったが、家の事情が許さないことも十分に分かっていた。胸をそっくり返して、唇嚙んで郵便局へ通勤していた野枝の姿が容易に浮かぶ。その年の夏、野枝は微かな希望の光を見つけ、それを自身に引き込んだ。

東京で事業をしていた叔父・代の娘・千代子が夏休みで今宿へ帰省した。彼女は、鶯谷の上野高女の三年生だった。同じように高等小学校を終えたのに、寂れた村の郵便局員の野枝からすれば、人口二〇〇万を超える大都会の東京市で女学校に行っている千代子が羨ましい。悔しかった。野枝は、長崎時代から千代子にライバル心を持っていた。負けん気である。自分も東京で千代子と同じように女学校へ行って勉強したい。そう思っても家計の壁はいかんともし難い。一六歳の野枝はしかし、諦めなかった。

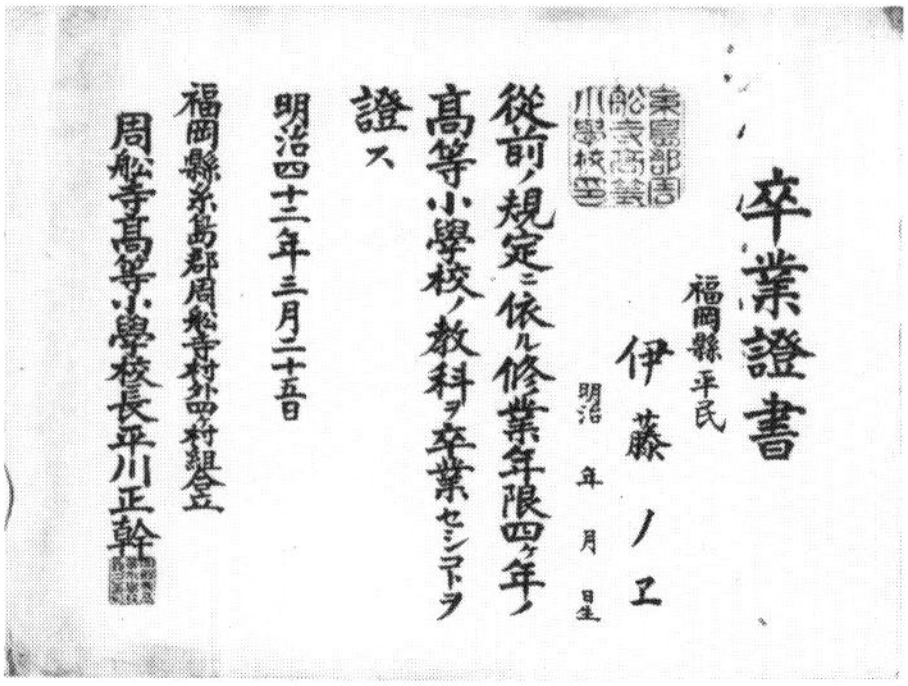
卒業證書
福岡縣平民 伊藤ノヱ
明治 年 月 日生
從前ノ規定ニ依ル修業年限四ケ年ノ高等小學校ノ教科ヲ卒業セシメタヲ證ス
明治四十二年三月二十五日
福岡縣糸島郡周船寺村外四村組合立
周船寺高等小學校長平川正幹

野枝の周船寺高等小学校卒業証書.

当時、千代子の父・代準介は下谷区根岸八一番地（現・台東区根岸四丁目―五丁目）に住み、セルロイド加工業を営み、従業員を六人雇っていた（代準介の私家版抜粋自叙伝『牟田の落穂』(1)）。自分の「夢」を叶えるには、叔父夫妻に頼むしかない。千代子が帰京した後だろう、野枝は上京させてほしい、進学させてほしいと切々と訴える手紙を出し続ける。一回や二回ではなく、三日に一通のわりで、五枚も一〇枚も書き連ねて送ったという。「よくまあ倦《あ》きもせんものだと思うぐらい『東京で勉強すれば私はきっと叔父さんや両親に御恩がえしができるだけの人物になれる。なんとかしてもらえないか』と自信満々に訴えてきましてね」（岩崎『炎の女』）。

キチは、こうと思ったら断じて諦めない野枝の凄まじい迫力を岩崎にこう語っている（以下キチの語りは岩崎の同書）。代はしかし、夜も日も明けないような野枝の手紙攻勢にも承諾を渋っていた。代は東京に移住して間もなく隣家に住む作家・村上浪六《なみろく》（一八六五年生まれ）と親しくなり、野枝の手紙を見せた。相談だったのか、茶飲み話のついでに出たのか分からないが、村上は野枝の熱い手紙を一読して、その筆力と書体に感嘆し、野枝を受け容れるよう代に勧めたのだった。代は、野枝の熱望に応える。この間の野枝の手紙はしかし一通も残っておらず、その内容、分量なども分からない。村上のアドバイスなどについても実際にどうだったのか、代の自叙伝にも記されていない。野枝を預かって上級学校へ行かせることについての代の決断は村上だけでなく、やはり隣家に住んでいた五代藍子（一八七五年生まれ、五代友厚次女）の勧めもあったという（矢野『伊藤野枝と代準介』）が、代に世話になった事情について野枝は何も書き残していない。

今宿郵便局を約九カ月で退職した野枝が東京へ行ったのは一九〇九年末である。野枝は千代子の通っていた上野高女の、一年上の千代子と同学年の四年の編入試験を受けてパスする。飛び級入学である。野枝は試験にパスするために猛勉強した。

「三日間も徹夜して一晩寝るとケロッとして、また二、三日も徹夜するのですからねえ」とキチは姪の凄まじい勉強ぶりを呆れたように語っている。野枝は、目の前に立ちはだかっていた高く分厚い壁を、叔父夫婦に体当たりし、それが村上浪六らに伝わるという幸運もあったが、自力で突き破り、こじ開けるようにして新しい道を作り、胸を張って、飛び立つごとく歩き出したのである。

「ふつうなら、野枝さんの家の状態なら諦めますよ。我慢しますよ。しかも明治の女子ですからね。野枝さんはそこが違いました。自分で乗り越えていったんですから。飛び抜けていました。そのエネルギーは、本当にすごい。それは、野枝さんの負けん気と向学心でしょうが、もう一つ背後に貧しさから抜け出たいという強烈な思いがあったと思います。ただ代さんの存在も大きかったですよね。いくら彼女のエネルギーが並みはずれていても受け容れる人がいなかったら不可能だったかもしれませんから」

大内さんは負けん気の野枝が自ら摑んだ力に、今でも「すごい」と脱帽するが、彼女のパワーを受け容れた代の器にも感心する。

野枝の障害や困難を乗り越えていくダイナミックなパワーや思い切りの良さは何処からくるのだろうか。確かに貧しさがあった。想起するのは、ウメの語りである。

「私でなければこの苦しい坂は越えられん。いま私は他の人の越え切れん坂を越えようと」

ルイが祖母から何度か聞かされたことばだという。ウメは貧困だけでなく、降りかかってきたあらゆる困難、障害を、現場に踏みとどまって肉体を動かして、耐えて乗り越えていったが、野枝は他の人には「越え切れん坂」を、現場で耐えるのではなく、状況と場を変えてずんずん突き進んで切り拓いていった。野枝の前には、その後もしばしば「他の人には越え切れん坂」が現れるが、東京行で最初の坂を越えた。

野枝の行動力には、思い切りの良さも目立つ。子どものころのことは周囲にはほとんど語らなかった野枝だが、高い櫓《やぐら》からの飛び込みが好きだったという話を時おりしていた。飛び込む前は怖くてたまらないが、覚悟して飛び込んでしまうとその爽快感はたまらないのだ、と。

野枝が編入した上野高女は若い学校（前身は一九〇四年創立の上野女学校）だった。当時の多くの女学校とちがって良妻賢母を目標にせず、生徒の自治などを教育綱領に掲げ、自由な校風ができつつあったようだ。それも野枝にとっては幸運だった。

野枝の才能を認めたのは五年生のときに着任し、後に恋に落ちた辻潤だけではなかった。担任の国語教師の西原和治《かずじ》も野枝の才能を高く評価した。彼は優しく、包容力があり、野枝は大きな信頼を寄せた。辻以上だったかもしれない。

西原は、高慢で、勝気で、負けず嫌いで、粗野だった野枝が、郷里での結婚を前に煩悶している状況に接して手を差し延べた。

珍しいあなたの天才を十分に伸びさせるためには、少なくとも茲《ここ》数年の間は東京に居た方がよい。

天賦の才をこのまゝで、刺激も少なく、人物も少ない田舎に埋めて仕舞うのは惜しい。（西原和治「閉じたる心」）

子ども時代から強烈な存在感のあった野枝を両手を広げて、大きな心で受け止めたのが西原だった。野枝も「閉じたる心」を収めた西原の著『新時代の女性』に「私の学校時代」という文章を寄せている。強情で、我儘で、生意気な手のつけようのない自分を、西原先生は冷静に感情の刺を撫でるような優しさで接してくれたと感謝している。

「落ち度をも認容して」「真っ直ぐに歩かしてやろうと骨を折って」「秩序のたゝない無智な反抗心を条理を明らかに、出来る丈正しい考えのもとに行動する様に導いて下さいました」「本当に私の眼を明けて下さいました」

野枝は世話になった人は実に多いが、これほど飾らずに、素直に感謝のことばを重ねている文章は非常に珍しい(2)。

辻はもとより西原も九州時代には出会わなかった教師で、二人との交わりによって野枝はその才能だけでなく、自由の翼を大きく伸ばすことができた。上野高女の二年間は、不条理な結婚を撥《は》ね除け、表現者へと大きく飛翔していく力を野枝に与えたのだ。

野枝が上野高女を卒業したのは一九一二年三月である。そのときの記念写真（本章扉写真）を見ると、ひとりそっぽを向いてそっくり返っているような女学生がいる。野枝である。周船寺高等小学校の卒業時の写真「横を振り向いて突っ立って」いたというのは、こんなふうだったのかもしれない。

『牟婁新報』を去った後、自らの将来を自身が決められる力を持っていた須賀子はその道をどう作り、歩んでいこうとしていたのか。目指す女性の解放と自由の獲得のために社会主義活動に身を入れていこうとしていたのか。あるいは得意の文章を生かす分野でそれを実現しようとしていたのだろうか。その後の須賀子を追う。

注

（1）『牟田の落穂』の原本は筆書きだが、別に要旨を謄写した写本の『牟田の落穂』がある。筆者は写本を伊藤義行さんから借覧した。写本は「亡祖父十三回忌に当り在りし日を偲びて　昭和三十三年十一月十六日　代恒彦」と頭書されている。代の縁者である矢野寛治『伊藤野枝と代準介』によれば、原本は、数冊しか現存しない。写本は原本と項目の順序や文言も多く異なるが、「概ね大意は同じ」とある。

（2）西原の『新時代の女性』は堀切利高の発見によっている。発見の経緯及び西原と野枝の文章は『野枝さんをさがして』に収められている。

第4章 転機

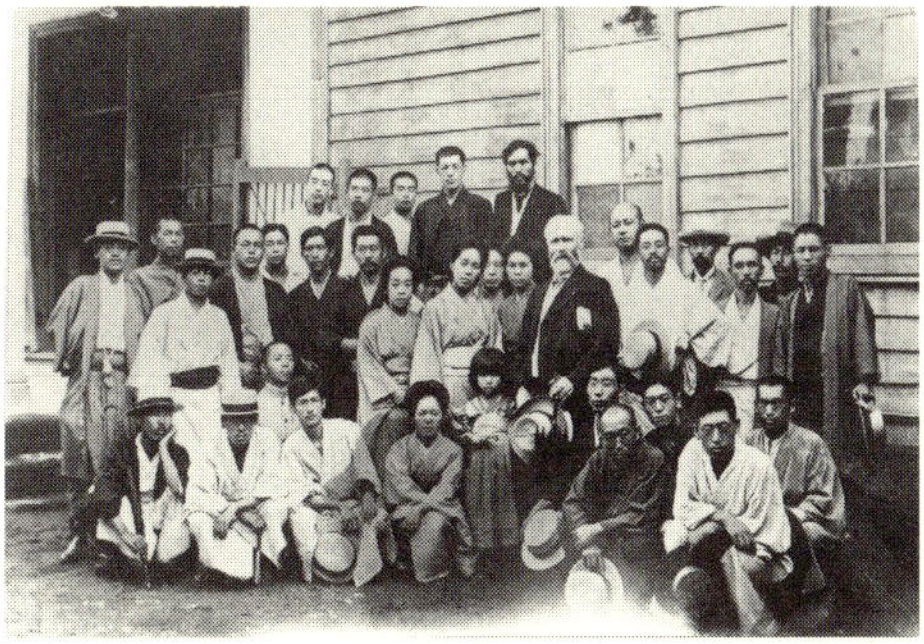

ケア・ハーディ歓迎の記念写真．ハーディの左が須賀子．座っている前列左端は幸徳秋水，1人おいて山川均，座っている前列右から3人目は荒畑寒村(1907年8月22日)．

雑音 (一)

「青鞜」の周圍の人々
「新らしい女」の内部生活

伊藤野枝

雑音を書くに就いて

野枝による連載「雑音」第1回が掲載された『大阪毎日新聞』(1916年1月3日付)．

1　無政府主義者へ

大新聞記者

『牟婁新報』の一九〇六年六月二四日付の題字左横、トップの位置に「特別広告」と記された風変わりな広告が載っている。

私事今回左ノ所ニ移転仕候　京都市荒神口通河原町西へ入上生洲町《かみいけすちょう》　管野幽月

社会主義系新聞には同志の転居などの消息が「広告」などのスタイルでしばしば掲載されているが、地方紙とはいえ一般商業紙の『牟婁新報』に私事である個人の転居の知らせが、読者の最も目につきやすい一面トップに掲載されているのは非常に珍しい。管野須賀子はそれだけ、『牟婁新報』と同紙の読者にとって特別の存在だったのである。

帰京した彼女は、京都法政大学(現・立命館大学)の事務職員になっていた。病妹を抱えた生活を維持していかねばならなかったとはいえ、女性が職を得るのはきわめて難しかった時代に須賀子はエネルギッシュでたくましかった。しかしこれまでの彼女の言動からすれば、いずれどこかの新聞記者になるか、物書きとして筆の世界でやっていきたいと考えていたにちがいない。

須賀子がこの後に『牟婁新報』へ寄稿したのは、同じ年の一〇月三日付の「好い習慣」という家庭における子どもの教育についての随筆が一本あるだけだ。その一カ月後に田辺の読者は「牟妻日誌」で須賀子の意外な消息を知る。

管野幽月嬢と荒畑寒村子と結婚式を挙げるという事は、先日寒村から通知があったので祝詞を出して置いたが、今日堺利彦兄から「驚いたか！」との通告があった。僕は寒村の如きヒステリー性の男は幽月女史の如き沈勇ある女性の訓練を待つの必要があると思うから、此の結婚には敬意を表せざるを得ぬ。秀子嬢は堺兄の宅《うち》に居られるそうじゃ。〔一一月六日付〕

須賀子が寒村と結婚していた！　しかも妹・秀子はすでに東京の堺宅に居る。胸を病んでいた秀子が一人で東京へ行くはずはない。須賀子が寒村と一緒になるために妹を連れて上京していたのだ。

須賀子の弟の正雄は、宇田川文海の全面的な援助で一九〇三年にアメリカに移住しており、彼女の肉親は妹・秀子だけである。京都には「異母兄」もいたが、須賀子にとっては、小さいころから一緒に暮らし、病に苦しんでいる妹へ寄せる愛情とは比べようもない。須賀子は落ち着けば籍のある四条教会へ行き、原稿を書きながら、社会主義活動に身を入れていく、そんな生活を描いていたのではないか。

須賀子は何時、どうして寒村と結婚する決心をし、田辺より遠い東京まで出ていくことにしたのだろう。妹だけでなく、自らも決して丈夫ではなかったのだから。でも恋は不思議な「生き物」で、卵を温めるような恋もあれば、突然炎のごとく燃え上がる恋もある。

須賀子・秀子姉妹が慌ただしく東京へ向かったのは、一九〇六年一〇月一一日である。須賀子から毛利柴庵の許に東京への転居通知があったのは、それから二カ月後の師走に入った一二月一七日で、しかしそこには姉妹の住所が記されてあったほかには、寒村と一緒になったことについては一言もない。東京へ着いて間もなく秀子の病が再発して臥せってしまったとあるだけだ。

須賀子が『牟婁新報』の読者に寒村との結婚を伝えたのは年が明けた一九〇七年一月一日付の「としのはじめに」という近況報告の中である。半年前に去った田辺の浜辺の風景、見送りの人びとを思い、「筆にしたき思いは山と積み、述べたき想いは泉と湧く。されど、されどそは唯涙の跡なり」などと記した後に須賀子は、さりげなく寒村との結婚についてこんなふうに触れている。

牟婁日誌に記されし寒村との結婚、可笑《おか》しきは人の運命と、ただただ微笑むの外なし。我さえ夢にも思い設けざりし事とて、何とのう読者に見えん事面はゆく覚ゆるも人の情にや。まことに人は、いたずらなる運命の手に翻弄《もてあそば》されんとて生まれしものなり。

寒村との結婚は「運命のいたずら」で予想外だったとややはにかむようである。

寒村は『牟婁新報』を去って東京へ戻った一九〇六年四月ごろからは、麴町区元園町一丁目(現・千代田区麴町二丁目)の堺宅に寄食し、廃刊した『平民新聞』(週刊)、そして『直言』の後継紙の『光』(一九〇五年一一月創刊)の編集手伝いなどをしながら、堺の経済的援助によって英語学校で学んでいた。大杉栄がほんの一時期、堺宅に寄食していたのもこのころである。長身、髪をきれいにわけて油でびしっと決めたハイカラな大杉は、平民社のころから「大ハイ、大ハイ」と呼ばれた洒落男だった。大杉は、堺の亡妻の妹・

堀保子を口説き一週間で同棲を始めるという電撃的結婚をした。一九〇六年八月ごろである。「大杉が自分の着衣の裾に火を着けて」迫ったと、寒村は保子からの直話を『自伝』で伝えているが、大杉の熱い一面を語る挿話の一つかもしれない。

保子と一緒になった大杉は牛込区市谷田町二丁目（現・新宿区市谷田町二丁目）に住まいを見つけ、九月には日本では初めてのエスペラント語学校を創設する。大杉の最初に手がけたことばがエスペラントだったのは、国家の壁も垣根も認めず、世界の民衆とのつながりを求めた彼らしい選択だった。

この時期、大杉や寒村ら若い社会主義者を熱狂させたのが、平民社の解散後にアメリカに逃れ、帰国したばかりの幸徳秋水の行なった一九〇六年六月二八日の演説「世界革命運動の潮流」だった。秋水は社会主義実現のためには議会政策を排し、無産階級の直接行動論を主張し、これまでの思想の大転換を宣言したのである。アナキスト秋水の誕生を告げた演説は、この年二月二四日に西園寺公望内閣の下で結成されたばかりの日本社会党を大きく揺すぶり、その後の社会主義運動が硬軟に分かれていくきっかけになった。須賀子はこの演説を掲載した『光』で読んだはずだが、それについては何も書き残していない。

大杉が保子と一緒になったころ、寒村は東京に居なかった。京都の須賀子宅に転がり込んでいたのである。寒村は『自伝』の中で、その経緯を明かしている。

京都へ帰っていた管野からは切手を二枚も三枚も貼った手紙で、しきりに来い来いといってくる。京都へも行きたいし、さればといって講習に出ないでは折角の英語がモノにならぬ上、先生（堺）に対しても義理が立たぬ。トツオイツ思案に暮れたが、結局誘惑に負けてしまった。

一九歳の寒村は、須賀子の誘惑に負けて西下し、蒸し暑い夏の京都で、メロメロになって一カ月を過ごし、彼女と一緒になり、東京で暮らす約束をしたと続けている。彼が『自伝』を著したときには、すでに須賀子は亡き人だったから真偽は分からないが、彼女もよほど寒村に惚れなければ病妹を連れてまで東京へ行く決心はしなかっただろう。その先に深淵が待ち受けているとは、むろん予想しなかった――。

東京行が決まると須賀子は、すぐにあちこちの手づるを頼りに東京での新聞記者の仕事を探し、『大阪毎日新聞』が東京進出のために子会社にした『毎日電報』の社会部記者に採用された。おそらく永江為政の人脈を通じての採用と思われる。須賀子・秀子姉妹は、市谷田町二丁目の住宅に間借りをした。東京に詳しい寒村が見つけたのだろうが、大杉・保子宅とも近く、須賀子はここで夫妻と知り合い、最後まで交流が続く。『毎日電報』は大新聞で、地方紙とは違った。

須賀子は『牟婁新報』に寄稿した「としのはじめに」の中で「毎日電報の記者として、数十中の一椅子を占め、社会部の婦人界、並びに婦人訪問を担任し居れり」と、ちょっぴり誇らしげに報告した後で続けている。

されど恋しきは牟婁紙の編集局なり。糊や鋏、筆や珠盤《そろばん》、何でも厶《ござ》れの寸暇なき愉快さは、到底大新聞記者の、呑気にして而も気骨《きぼね》の折れる不愉快さに比ぶべくもあらず。今も尚、時々折あらば、地方の新聞社へ行ってみたしと思う事しばしばなり。

『毎日電報』に掲載された彼女の最初の記事は、一二月二六日に掲載された新橋の名妓の新年の迎え方を取材したインタビューである。芸妓への取材が須賀子の東京での記者デビューだったとはやや皮肉だが、記事の冒頭で彼女は指示による取材だったことを明かしている。記事には得意の持論や自説はなく、一般商業紙の何となく客観的なふつうの原稿である。末尾を「人の世の春は短し、茲に至って美人又多少の愁色あり」と結んでいるのがわずかに須賀子らしいところか。この記事には末尾に「極めて妙！」と社会部長（と思われる）評が記されている。大新聞のジャーナリストとしても須賀子は及第点を得たようである。

須賀子が記者生活を始めたころ寒村は、再建された平民社が一九〇七年一月に創刊した社会主義運動の初めての日刊紙『平民新聞』記者として働くことになった。同紙は、『光』と石川三四郎（一八七六年生まれ）らキリスト教社会主義者らの『新紀元』が一つになって生まれ、寒村の月給は一五円であった。須賀子の毎日電報社の給料は二五円だったから二人合わせても四〇円で、当時の公務員の初任給五〇円（週刊朝日編『値段史年表』）にも及ばない。病妹と一緒の暮らしではかなり窮屈だった。須賀子は寒村と結婚したものの、なかなか一緒に暮らす経済的ゆとりがなかった。しかも間借り生活で、「姉ちゃん」「勝坊」の若い二人の新婚生活は、性生活の上でもままならなかったと思われる。

須賀子が一月に仏教革新グループの主宰者・高嶋米峰《べいほう》（一八七五年生まれ）の依頼で『新仏教』誌に寄せた「麺麭屑《ぱんくず》」という随筆は、姉妹の生活ぶりの一端を伝えている。

間借りの自宅に仕事から帰った須賀子が火鉢に手を暖めながら、いつものように食事代わりに妹とパンをかじって、パン屑を拾って丸めながらとりとめない語らいをしているというせつない話を、ユーモアを交えながら綴ってある。そこには寒村の姿は影もない。

妹よ！

中央紙の「婦人担当」記者になった須賀子はその後、終生のテーマである同性の人権獲得にかかわる分野でどんな記事を書いていったのか。大阪や田辺時代の地方紙のようには、女性の人権獲得のために激烈に、ストレートに、時にアジるように訴える記事を書くのは、当然だが難しかった。そんな中でも彼女は懸命に闘っている。一九〇七年一月四日付に書いた記事は、その一つである。

暮れも押し詰まったある日、須賀子は約二時間汽車に揺られて、荒涼たる冬枯れの武蔵野のはるか西にある「東京監獄八王子分監」を訪ねた。ここは女囚が収監されている刑務所で、須賀子の取材の狙いは刑務所での女囚の実態だった。目の付けどころはさすがだったが、刑務所は取材の壁も高く厚い。現在のようにアポイントメントも取らずの突撃取材で、対応した分監長に東京監獄の典獄（看守長）の許可がなければ、内部は見せられませんと丁重に断られる。彼女ははいそうですかと引き下がらずに、しぶとく粘って取材する。分監の設立は一九〇五年九月、収容者数は重罪は無期六、七人を含め一〇一人、軽罪は六二人、看守は女性だけで一六人で、女囚は機織り、下駄の畳作成、裁縫作業をしているなどと聞き出す。取材中に須賀子が何気なく窓越しに目をやると、作業をしている女囚の姿が飛び込んできた。彼女はその情景を目ざとく追って記事にする。

あな痛わし、これぞ女囚の二、三人、如何に心がらとは言え、引っ詰めの銀杏返し《いちょう》に蒼ざめし顔色、藁草履《わらぞうり》の足元冷めたげの、胸に番号縫いつけし柿色の筒袖姿、年頃は何れも三十路の坂を越し居ると覚しく、例の黒ずくめの女看守に守られて、淋しき微笑にこなたを見返りつゝ、食器を運ぶなりけり。あわれ、何の罪をか犯せる、彼も又た人、親もあらん、夫もあらん、将又《はたまた》愛しき子もあらんに、噫《ああ》……人、誰か好みて悪事を犯す者あらんや。殊に弱きが性なる女の身をもて、斯く成らんまで幾月日、如何に烈しく、悲しき運命と戦いしかを思えば、弱き我胸は頓《にわか》に迫りぬ。

刑務所内を直接取材できなかったが、垣間見た女囚の姿を須賀子らしい目線で捉えた記事を読者に届けている。帰り際に機業の盛んな八王子でも屈指の撚糸工場を訪ね、そこでの工女の労働実態の取材を試みて記事にしている。

工場における女子労働の実態から虐げられている貧しい少女たちの人権の視点から捉えるメッセージを伝えようとしたようだ。だがここでの須賀子の記事は、監督女性の話に寄りかかっただけで、少女らの労働の実態に迫れてはいない。しかし女性の社会主義者である須賀子が商業紙『毎日電報』の現場記者として踏ん張って活動を続けることは、他に例がなかっただけにきわめて貴重だった。

当時の西園寺内閣は社会党結成を容認するなど社会主義に対していくらか穏健で、この機を逃さずに秋水らは一九〇七年一月一五日、待望の社会主義の日刊紙『平民新聞』を創刊した。

同紙の二月三日号の四面に大杉と寒村が連名で、豊多摩郡淀橋町柏木三四二番地（現・新宿区北新宿三丁目辺り）に移転の広告を出した。堺宅の隣である。大杉の妻・堀保子によると、生活が立ち行かなくなって大切にしていたオルガンを売って市谷田町から柏木に引っ越したというから、広告のとおりに寒村が大杉栄・堀保子夫妻と一緒に暮らしたかどうかは分からない。

ほぼ同じころ須賀子・秀子姉妹も大杉宅や堺宅とは遠くない柏木一四二番地に引っ越した。同郡大久保村南百人町八四番地にいた秋水とも近い。つまりこの時期、秋水、堺、大杉、須賀子らがほぼ同じ地域に集住していたのである。寒村はこの引っ越しのときから須賀子姉妹と一つ屋根の下で暮らした可能性はあるが、秀子の容態は柏木転居のころから一段と悪くなっていたので何とも言えない。しかも寒村は二月初めに起きた足尾銅山の鉱夫の大規模な争議の取材で『平民新聞』から特派されて現地に入っていたから、一緒に暮らすことは無理だったかもしれない。

二月半ばごろの秀子の症状は、もう手の施しようのないところまで悪化し、床に伏したままで起き上がれなくなっていた。医者の診察では、脳が結核菌に冒され養生しても一年はもたないだろう、せめて転地か入院をと勧められたが、須賀子と寒村の給料を合わせてもどうにもならなかった。貯えもない。須賀子は最愛の妹に何もしてやれず、毎日青い顔で涙にくれるばかり。容態はしかし、容赦なく日増しに悪くなり、医者はあと一カ月、あと一週間、そしてあと三日と診察に来るたびに薄氷《うすらい》に佇んだような若い命の終焉を告げていくのであった。

二月二二日午前一〇時、とうとう秀子は還らぬ人になってしまった。秀子の肺結核は母親か兄からの感染だったが、ほとんど病気のために生きてきたような何とも幸薄い一九年だった。

二月二三日の『平民新聞』は「荒畑寒村の義妹秀子嬢、遂に今朝の露と消えた。二一」と秀子の訃報を伝えた。翌日火葬に付された模様を堺が書き留めている。「今朝六時、管野秀子嬢の亡骸を落合村の火葬場に送った。坊さんもいない、神主もいない、花もない、旗もない、ただ四人の男がひつぎをかついで、我々六、七人がその後ろについて行った。火葬場に行っても式というようなことはいっさいない、ただひつぎを火葬室に納めて帰って来た。質素にして真情のある実によい葬りであった」。

秀子は田辺では時おり姉と一緒に教会に行っていたが、クリスチャンではなかった。そこで彼女の遺骨は、柏木の借家に比較的近い真宗大谷派の正春寺に納骨された。須賀子が選んだのではなく、大家の紹介だったと思われる。

「姉ちゃん、姉ちゃん」と姉を追うように田辺へ行き、帰京して間もなしに姉に付いて東京まで来たのにわずか四カ月で逝ってしまった秀子は、どんな女性だったのか。

田辺時代には姉や寒村らと教会や写真館でも写真を撮っていたが、私たちはそれを目にすることはできない。「おそらく「大逆事件」の時に、関係が疑われないように個人的に持っていた人はみんな処分したのだと思います」。須賀子の田辺時代に最も詳しい元田辺市立図書館長の杉中浩一郎さんは、秀子の写真を探していたわたしに残念そうな顔を向けるのだった。

須賀子はしかし、妹の写真を大事に手元に置いていたのである。彼女は仏教徒ではなく、納骨された正春寺へお礼もせず、その当時の住職が大嫌いだったようで、妹の墓参もあまりしていない。しかし後に記した獄中記にこんな一文がある。「始終写真の前に妹の嗜好物を供えていた」。残っていたのは写真だけではない。秀子は実は日記をつけ、それも遺されていた。

『毎日電報』に妹を思い出して綴った須賀子の短いエッセイ「噫《ああ》妹」がある。その中に「亡き人の日記、枕辺に拡げて」と書いているのだ。秀子のその日記には、病気のことはもとより姉の結婚や東京行についても書いていたにちがいない。秀子の写真は、須賀子の遺品として在米の弟・正雄に送られたようだが、いずれにしても私たちが秀子の姿を記憶できる写真はない。貴重な日記も残念だが行方知れずである。

須賀子は幼くして母を亡くし、兄と祖母を、そして父を失い、東京で最愛の妹とも永別した。この地には一人の身寄りもいない。天涯孤独――独りぼっちになった。人は、笑い、泣き、うなずき合うという感情を共有する身近な人を失うと、心にぽっかり穴が開いたような寂寥感に襲われがちである。

置いてけぼりになった彼女に病魔が襲った。秀子の件が終わったころ、寝込んでしまったのである。感染していた。須賀子はやむなく毎日電報社に休暇届けを出し、伊豆の初島で五月から二カ月ばかり療養生活を送った。よくも辞職を強いられなかったと思うが、毎日電報社に影響のあった永江為政の人脈のおかげだったのだろうか。

寒村の存在は、須賀子にはたずきにはならなかったようだ。寒村の『自伝』などからは、須賀子と共生・協同生活を作っていこうという意思はあまり感じられない。むしろ、モテた須賀子への嫉妬心からくるぼやきや悪罵、伝聞などによる話が多い。

最愛の妹を失った孤独感と我が身にも襲ってきた不治の病。この二つの出来事は、その後の須賀子の人生に大きな陰影を落とすことになった。さらに予期せぬ事件が彼女を襲う。

赤旗事件

須賀子が東京の社会主義者らの集まったところに初めて顔を出したのは、上京して間もない一九〇六年一〇月二八日、日曜日の昼に柏木の堺宅で開かれた社会主義婦人会だった。会は福田英子《ひでこ》、堺為子《ためこ》、そして秋水の妻・幸徳千代子が呼びかけ、女性だけでなく、大阪以来の再会となる森近運平ら男性同志も含めて二四人が参加した。須賀子は妹と一緒に出席し、そこで寒村の妻として紹介されている。

須賀子がその後、東京での本格的な社会主義活動にどれほど関わっていたか、その足跡を伝える記事は乏しく、表面的には活動は見えにくい。それでも須賀子は、社会主義者との接触を新聞記者と妹の看病の合間を縫うようにして続けていた。日露戦争後の日比谷焼打ち事件以後、政府への民衆の激しい行動は東京市電の値上げ反対運動（一九〇六年三月）など大規模な争議がしばしば起きるようになっていた。一九〇七年二月に起きた足尾銅山の争議は大きな暴動に発展し、西園寺内閣の原敬内務相が強権を発動し、軍隊を派遣して鎮圧してしまった。

足尾の争議では、中心人物の労働運動家・南助松《みなみすけまつ》（一八七三年生まれ）が『平民新聞』の取次をしていた関係で、秋水宅が家宅捜索されると分かり、近くにいた須賀子は大杉、保子とともに一九〇七年二月七日午後九時ごろ見舞いに駆けつけ、炬燵《こたつ》を囲んで秋水とじっくり歓談している。須賀子が秋水とゆっくり話したのはこのときが初めてだったかもしれない。

この直後の二月一七日に開かれた日本社会党第二回大会で、社会党の運動方針をめぐって田添《たぞえ》鉄二（一八七五年生まれ）の議会主義によって社会革命を実現するという議会政策派（軟派）と、議会主義を排して労働者の直接行動によって労働者の解放を実現しようという秋水派（硬派）が対立した。投票の結果、直接行動派に近い評議員案が多数を占め、社会党綱領にあった社会主義の目的を達するためには「国法の範囲内」が削除された。

これによって西園寺内閣は硬化し、直接行動を主張した秋水の演説を載せた二月一九日の『平民新聞』を発禁処分にし、二二日には治安警察法で日本社会党を結社禁止にした。同党は結党わずか一年で潰されてしまったのである。その間、社会党関係だけでも弾圧のために八件もの裁判を抱え込まされ、結社、表現、思想の自由が政治権力者の裁量、あるいは恣意によって左右される実態が明らかになっていった。

この後、『平民新聞』への弾圧がいっそう厳しくなり、発禁が相次ぎ、裁判責めに遭い、その費用などで平民社の財政は一気に厳しくなり、堺や秋水は給料を返上して支えようとしたが、とうとう一九〇七年四月一四日付の第七五号で廃刊せざるを得なくなった。わずか三カ月で潰されてしまったのである。

『毎日電報』に須賀子にしか書けない記事が「幽月」の号で掲載された。『平民新聞』に訳載した「青年に訴ふ」(一九〇七年四月五日付)が新聞紙条例違反に問われ、巣鴨監獄に入獄していた大杉が一一月一〇日夜に出獄することになった。そこで須賀子は、堀保子と秋水に心酔してアナキストを名乗っていた高知出身の坂本清馬《せいま》(一八八五年生まれ。「大逆事件」で死刑判決後に無期減刑、一九六一年再審請求するも棄却)の三人で大杉を出迎えに行った。その夜の様子を「巣鴨の一夜」というタイトルで、一一月一八日付と二四日付の二回にわたって記事にしたのである。

十月《ママ》九日の午後六時頃、池袋の停車場から傾むく新月の影を便り《ママ》に、凸凹した田舎道を、保子さんと坂本青年と私との三人は、遥かに大陸の様に真黒に見える、恐ろしい巣鴨監獄をのぞんで、御互いに足許の注意をしながら辿った〔中略〕明早朝出獄の友大杉栄氏を迎えんが為である。大杉氏はアナーキストとして、一部の人に知られた青年で、〔中略〕保子さんは即ちその夫人で、私とは姉妹の様に睦んで居る人。〔中略〕

「石川〔三四郎〕さんは、此の辺にいらっしゃるんですよ」

監獄通の保子さんは立ち止まった。私達は何時の間にか、高い煉瓦塀に添うて右手へ曲がって居るのであった。
「石川君万歳！　日本社会党万歳！」
不意に坂本さんは、声も破《わ》れよとばかり叫んだ。

一般紙の記事としては、あまり洗練されてはいないが、やはり社会主義者・須賀子の記事であった。このまま彼女が同紙の記者を続けていけば、ユニークなジャーナリストになったかもしれないが、時代と状況が彼女を別の舞台に呼び出そうとしていた。

東京時代の須賀子の活動をうかがわせる写真がわずかだが残されてある。一枚は、石川三四郎と山口孤剣（一八八三年生まれ）が筆禍事件で入獄する際に撮った入獄記念写真である（一九〇七年四月二五日）。子ども連れの女性十数人を含めた四〇人を超える同志らが写っているが、その中に道行きコートを着て、右手に傘を持った須賀子の姿が見える。須賀子は大阪で社会主義活動を始めたばかりの一九〇四年一一月末に社会主義伝道行商の途中で大阪に立ち寄った山口に会っている。そういうこともあったのだろう、この日は木曜日だったが取材活動の間を縫って入獄記念に駆けつけている。

もう一枚はそれから四カ月ほど後で、一九〇七年八月一九日に来日した英国独立労働党党首のケア・ハーディの歓迎会が神田区神田錦町一八番地（現・千代田区神田錦町三丁目の東京電機大学辺り）にあった当時のイベント・ホール錦輝《きんき》館で開かれ、やはり約四〇人が参加した。そのとき撮った記念写真に須賀子が写っている。人数が多く分かりにくいが、丸顔で可愛い彼女はハーディの右（向かって左）に収まっている。残されている写真の少ない須賀子だが、東京の社会主義者らと一緒に撮った数少ない写真の一枚だろう。

社会主義活動がどんどん狭められていく様をつぶさに目にし、緊迫した社会を膚《はだ》で感じるようになった須賀子がとうとうその舞台に呼び出される事件が起きた。ハーディの歓迎会から約一年後である。一九〇八年八月一五日午前九時、東京地方裁判所の第一号法廷で治安警察法違反、官吏抗拒事件の第一回公判が開かれた。起訴されていたのは須賀子ら四人の女性と堺、寒村、大杉栄ら男性一〇人の計一四人である。『毎日電報』の現役記者だった須賀子がなぜ起訴されたのか。

事件そのものは些細であったが、警察権力の弾圧の仕方、暴虐な取り調べ、司法権力が時の政権の意向を受けたような重い判決を出すなど、「大逆事件」の序章になる事件となった。時は二カ月ほど遡る。

一九〇八年六月二二日午後、錦輝館二階の広間で、一年二カ月ぶりに出獄した山口孤剣の歓迎会が開かれた。彼は『平民新聞』に執筆した「父母を蹴れ」など三つの弾圧事件で、仙台刑務所に収監されていたために硬軟両派の対立には直接関わっていなかった。このため山口の出獄歓迎会は、直接行動派と議会政策派合同で行われ、婦人や子どもも交えて五、六〇人が集まった。講談、薩摩琵琶、剣舞など当時人気のあったアトラクションもあり、和やかな雰囲気で終わりかけた午後四時ごろだった。

直接行動派の大杉と寒村が事前に用意していた赤の布地に、白で「無政府」「無政府共産」の文字を縫い付けた二旒《りゅう》の竹竿を持ち出し、振り回して革命歌を高唱し始めた。議会政策派の参加者への示威行動で、二人は司会の石川三四郎の静止も聞かず、勢いに引っ張られた直接行動派の他のメンバーも一緒に二階からどどっと下りて、玄関から雪崩を打つように出ていった。錦輝館の前あたりにはすでに神田警察署員が出動していた。この後どうなったか。歓迎会に参加し、巻き込まれた堺の記録から引こう。

山口孤剣の入獄記念写真．前列左から2人目が須賀子．

わたしも急いで降りて見ると、赤旗連中はもう通りに出て、そこで何か警察官ともみあいをやっていた。わたしが表に飛び出した時には、一人の巡査がだれかの持っている赤旗を無理やり取り上げようとしていた。多くの男女はそれを取られまいとして争っていた。わたしはすぐその間に飛び込んで、そんな乱暴なまねをしないでもいいだろうという調子で、いろいろ巡査をなだめたところ、それでは旗を巻いて行け、よろしいということになり、それでそこはひとかたついた。(『日本社会主義運動史』)

赤旗の奪い合いは堺と山川均(一八八〇年生まれ)が仲裁に入って治まったが、その際に数人の男女が警官に捕まった。堺と山川の二人も帰りかけたところ、やって来た警官に連行されてしまった。「この日の外面に現れた事柄はただこれだけだった」と堺が書いているように小さな事件であった。

須賀子は、寒村らが捕まったことを知って、歓迎会に参加していた神川松子(一八八五年生まれ)と神田署に面会に行ったが拒否されてしまった。やむなく引き返したところ、奪われた赤旗を持って帰署する二人の警官に出くわした。神川が旗は預けたのだからと返してほしいと言うと、一人の警官がやにわに須賀子を突き飛ばし、二人とも捕縛されてしまったのである。とばっちりだが、社会主義者だったからである。

こうして男女一四人が起訴されてしまった。日本の初期社会主義運動史上では有名な「赤旗事件」である。些細なこの事件には、元老・山県有朋の意向が働いていた。社会主義を蛇蝎《だかつ》のように嫌った山県は、西園寺内閣の社会主義に対するやや緩やかな対応が不満で、弾圧の機会を狙っていたところに、市中に「無政府共産」の旗がはためいたのだから。

「赤旗事件」は事件そのものだけでなく、捕まったあとの取調べもほとんど拷問のように過酷であった。何より裁判が「司法の独立」とは無縁のようだった。事件から一カ月後の一九〇八年八月一五日の第一回公判の法廷で島田裁判長が、一四人の被告一人ひとりにこう尋問したのである。

「被告は無政府主義者なりや」

異様な問いであった。裁判長の役割は、起訴事実の真偽の審理であって、被告の思想の如何を判断することではない。裁判長が被告の思想を問うたのは、それを犯罪とする司法の意思表明であった。検事も論告で「被告は社会主義者なるが故に厳罰に処せよ」と主張し、社会主義思想を持つこと自体を犯罪とし、厳罰を求めた。「赤旗事件」は、人と思想の抹殺を図った「大逆事件」の序幕になったのである。

しかし、思想を裁く異形な裁判に当時の新聞は批判はおろか、何の反応もしていない。

では、被告らはどうだったか。裁判官があまりにとんでもない尋問をしたために呆れてしまったのか、被告の誰も裁判長の尋問を問題にした形跡がない。一〇人の男性のうち、大杉、寒村ら六人は無政府主義者かそれに近いとその立場を明らかにし、四人の女性のうち、神川ら三女性はともに勉強中で、よく分からないなどと述べた。その中で須賀子は、こう言い切った。

「私は最も無政府主義に近い思想を持っております(1)」

たぶんに心情的であったろうが、日本の社会主義運動史上、無政府主義者と名乗った女性は管野須賀子が初めてだった。

警察の調べもひどかったが、予審調書も捏造だらけで、罪に陥れる内容になっていたために第二回の公判廷(八月二二日)で、須賀子は激しく抗議した。

「まるで無かったことばかりが書かれている。病身の私には出来るはずもない行為だ。犯罪を捏造して入獄を強いるのは何としても耐え難い」

公判の開始のころには、すでに二カ月近く市谷の東京監獄に拘禁されていた彼女はいっそう体調を悪くした。八月二九日の判決では、須賀子と神川だけはさすがに有罪にできずに無罪になったが、他の一二人は一部執行猶予が付いたものの全員有罪にされてしまった。一年から二年六月という予想の三倍も四倍もの重刑だった。大杉が一番重罪で二年六月、堺や山川は二年、寒村は一年六月だった。大杉、堺、寒村らへの思わぬ重刑が二年後の「大逆事件」をくぐり抜けるという結果になった。

「赤旗事件」は須賀子だけでなく他の三人の女性のその後の人生にも大きな影響を与えたことは『資料平民社の女たち』(鈴木裕子)に断片的にだが記されてあり、胸ふさがれる。

無罪になったとはいえ須賀子は生まれて初めて、警察と司法が前面に現れる国家権力の暴力性を膚で知った。国家に都合の悪い思想に対しては、何かのきっかけで事件を捏造してでも押しつぶしていく権力の実体を見せつけられて、運動経験の乏しかった須賀子にはショックだったにちがいない。彼女に、「私は無政府主義者」と名乗らしめた背景でもあったろう。

「赤旗事件」がきっかけで、社会主義にいくらか宥和的だった西園寺政権は潰れ、山縣の直系で陸軍出身の強権派の桂太郎内閣(第二次)が登場する。一九〇八年晩夏の候から無政府主義者だけでなく、社会主義者にとって、さやかには感じられなくても「冬の時代」の到来を予兆する冷たい風が吹き始めた。

日刊『平民新聞』廃刊後に、一九〇七年六月に森近運平が大阪で再興した直接行動派系の機関紙『日本平民新聞』(当初『大阪平民新聞』)は一年近く続いたが、「赤旗事件」前の一九〇八年五月に、熊本の社会主義者だった松尾卯一太《うい　った》と新美卯一郎《う　いちろう》(ともに一八七九年生まれ、「大逆事件」で刑死)が同じころに創刊した『熊本評論』も事件後の一九〇八年九月に相次いで廃刊に追い込まれた。社会主義運動の灯を消すまいと『熊本評論』の後継紙として発行された『平民評論』(一九〇九年三月創刊)も第一号で潰されてしまった。社会主義運動はこうして、展望なき逼塞状態に追い込まれていった。

「赤旗事件」の際に、たまたま郷里の高知・中村へ帰省中で難を免れた秋水は「サカイヤラレタ　スグカエレ」の報で東上し、途中紀州・新宮の大石誠之助や箱根・大平台の林泉寺住職・内山愚童《ぐどう》(一八七四年生まれ、「大逆事件」で刑死)らを訪ねて八月一四日に東京に着いた。秋水は途中で新宮と箱根に立ち寄って社会主義者らと旧交を温めたが、それが後の「大逆事件」のでっち上げに利用されてしまう(田中『大逆事件』)。

秋水は上京後に淀橋町柏木九二六番地に居を定め「平民社」の看板を掲げたが、厳しい弾圧の中で主だった同志、とくに堺を失った打撃は大きかった。その上、事件後には社会主義者の一人ひとりに尾行がつくようになるなど桂政権の社会主義者らへの締め付けは一段と強くなっていった。

無罪になった須賀子だが、病状が重く、出獄したのは判決から三日後の九月一日夜だった。二カ月ぶりでやっと出たところ、尾行がつくようになり、とうとう毎日電報社を馘首されてしまった。

最愛の妹を失い、明日をも知れぬ病身、初めて味わった国家権力の暴虐、そこへ加わった失業。二一歳から二七歳まで足かけ七年、主として商業ジャーナリズムの世界で女性の解放と自由を求めて表現を続けてきた須賀子は、最も好きだったジャーナリストの職をついに奪われ、生活の糧も失ってしまった。寒村との結婚生活もほとんど実のないまま枯れかかっていた。これまでもさまざまな窮境を暗くならずに、顔を上げて乗り切ってきた須賀子だったが、今度は切岸《きりぎし》に立たされた。

二七歳の須賀子はたった独り、どうやって生き、道を切り拓いていくのか。

「赤旗事件」の公判廷で無政府主義者を名乗ったことで、須賀子の舞台は回った。一九〇八年晩夏の転機であった。七年後の一九一五年には野枝もその地点へ近づき始めていた。二人の生年差は一四年あったが、現実の舞台での「年齢」はうんと縮まってきた。

2　風雲児とともに

谷中村の衝撃と葛藤

野枝がアナキストの渡辺政太郎からその話を聞いたのは、『青鞜』を引き継いだ直後の一九一五年一月の終わりの寒い日だった(2)。

ちょくちょく野枝宅に来ていた渡辺と妻の若林八代はいつものように一歳四カ月の一《まこと》を抱き上げてあやしながら、明日から二、三日谷中村へ行くつもりだと告げた。谷中村? 野枝が初めて耳にする地名だった。国家と企業によって滅亡させられ、廃村になった谷中村を知らない野枝に渡辺はびっくりして、「例の鉱毒の村ですよ」と言ったが、野枝はしかし鉱毒問題も知らなかった。驚きながらも渡辺は「あなたは若いから無理もないでしょうが、でも田中正造の名前は知っているでしょう?」と訊く。さすがに田中正造の名前は、おぼろげだが聞いたことがあった。その谷中村がひどい状態になっていると渡辺は興奮しながら話しだした(3)。

足尾銅山の鉱毒被害を治水対策にすり替え、毎年のように起きる洪水と鉱毒被害を防ぐという目的で谷中村を一大貯水池にするため、政府は一九〇五年から村民の移住を進めた。しかし少数の農家が移住に反対したためとうとう一九〇八年に土地収用法を発動して強制破壊に踏み切った。それでも村を去らない一四、五軒の農家を追い出すために、今度は官憲が堤防を切ってしまったのである。このままでは住めなくなるが、今さら他へ移転する費用もない。このまま水浸しになっても立ち退かないで、死ぬ覚悟で最後まで留まると村の一人の青年、島田宗三が訴えに来たと、渡辺はいうのだった。

そのころ世間では「谷中村問題」はほとんど忘れられていた。いや、終わっていた。かつては身を擲《なげう》つほどに運動した、社会主義者らも去ってしまった。その中にはよく知られた木下尚江もいた。渡辺の話を聞きながら野枝は、一般の人たちはともかく一度は村の人たちのために動いた人が悲惨な状態を忘れ、動こうとしないことが不思議なくらいに意外な気がした。野枝がのめり込むようにしてあれこれ聞くので、渡辺はさらに詳しく問題の発端から現在までのことを夕方遅くまでかかって説明した。野枝は初めて谷中村の悲惨な歴史を知り、腹が立って仕方がなかった。渡辺はしかし、もう支援のしようもないので、暫くその青年らと一緒に生活するしかないのだとやや興奮気味に語るのだった。

どうして？　新しい事態で幾十人かの人びとが再び悲惨な状態に追い込まれるのが分かっているのに、そんなことしかできないなんて、おかしい。手の出しようがないなんて、見殺しにするのと同じではないのか。犬一匹の生命にも無関心ではいられない世間の良心は、こんな理不尽なことをどうして見逃せるのか、手を出した結果がどうなるかはともかく、まず手を差し延べるべきではないのか。真っすぐな野枝は身体の中からずんずん怒りが湧き上がってきて、抑えるのがつらくなってきた。野枝は、谷中村の残った村民の苦境が我がことのように思えるのだった。

と、傍で聞いていた辻が突然、もう手出しはできないのかなどと訊く。渡辺が首をひねると、辻も何ともしようがないですからねと頷く。野枝には辻の態度がひどく冷淡に思えて、むかむかするのだった。

渡辺は村の崩壊に手を貸すように買収に応じた農民のその後も、残った人びとと変わらぬ貧困と迫害の中で暮らしていると、耐えがたい話もするのだった。見知らぬ新しい土地で、迫害の中で実らぬ開墾をし、そのうちに手にした僅かばかりの買収金が尽き、漂浪の民になって、離散していく家族もいる、と。さらに買収の際の薄汚い話、家屋の強制破壊の悲劇等々、怒りでだんだん興奮してきた渡辺の話ぶりに野枝も巻き込まれていた。農民を惨苦に追い込む不条理は他人事ではない、これをどうして見逃せるのか？

渡辺夫妻が帰ったあとも、絶望的な農民の惨めな生活を想うと、野枝は何も手につかない。辻はしかし、いつまでもそんなことを考えていてもどうにもならない、そんなことより自分の生活を考えることのほうが大事だと平然としている。悲惨な話にも無関心で、個人主義的な辻の態度に、野枝はムッとして、

「他人の事だからと言っても、皆な同じ生きる権利を持って生まれてきたんですから。私たちと同じでしょう？」

反論するように問うてみた。すると辻は、

「今の世の中は誰も満足してやいないさ。他人の事まで気にしていたらきりがない。ひどい目に遭うのは、彼らに意気地がないからさ。家が壊されたときにはすでに、自分たちの力ではどうにもならないのは分かってることとで、少しばかりの人数で頑張ってもどうにもならないさ」

と突き放すのだった。そんなことは、私にだって分かっている。でも谷中村で踏ん張って残っている正直な人が苦しむのは可哀想ではないのか。そう言ったら辻は、そんなセンチメンタルなことを言っても仕方がない。「奴らはバカなんだ。どんなに正直でも、自分で生きていくことが出来ずに、他人の同情に縋《すが》ることを考えているような奴は卑劣じゃないか」と冷ややかに切り捨てるのだった。辻は、なおことばを続けた。

「お前は今は、渡辺さんの勢い込んだ話に引きずり込まれているだけで、明日になれば落ち着くさ。第

一、谷中の覚悟したような人たちだって本当に死を決意しているなら、相談になんかくるもんか。誰も見向きもしてくれないことへの面当てだよ。脅しなんだよ。本当に谷中村を建て直したいなら、どこか他に新しいところに村を建てればいいんだ」

野枝は、辻の冷静なことばに反発したくなった。正直で、善良で可哀想だと思っている人たちが、そんな卑劣なことを考えているなんて、どうして思えるんですか。でもことばにならなかった。

翌日も、翌々日もしばらくは谷中村のことが野枝の頭から去らない。必死の思いで残留している農民の悲惨な生活を理屈で流してしまうことがどうしても出来なかった。野枝は悩み、苦しんだ。

たしかに自らの生活のためには闘わねばならないが、自分よりもっと可哀想な人びとのために闘うことは出来ないだろうか。これまで私は「自己完成」こそが第一と考えてきたが、それでいいのだろうか。すべてを投げ捨てて広い自由のための戦いの中に飛び込んでいくべきではないのか、ムーブメントの中に飛び込んで力いっぱい手ごたえのあることをしてみたい。これはたんなる夢想ではなく、根のある夢想なのだ。エマ・ゴールドマンの伝記は、そう教えているではないか。「奴隷の勤勉を以って働き、乞食の名誉を以って死ぬかも知れない」伝道という仕事に従事する人たちの価値ある生甲斐。本当は、すぐにでもそういう場へ自分も飛び込んで行きたい。

でもそれには、これまでの生活を捨てなくてはならない。今日まで苦しみながら築き上げてきたものを自分の手で壊さなくてはならない。そうするとこれまでの生活が何の意味もなさないのではないか、それはあまりにも情けない。それは未練だろう、卑怯だろうと思うが、でもせめて一が歩き始めるまではとも思う。それも卑怯なのだろうか。野枝は出口の見つからない迷路に入ってしまったようにもがいた。

数日後、渡辺が再び野枝宅に来て、谷中村訪問を止めたと伝えた。せっかく最後の決心まで行き着いた人びとに他人を頼る心を呼び覚ましては悪いというのが中止の理由だった。そのとき渡辺は、谷中村に関する書をいくつか持ってきた。それは、野枝の瞋恚《しんい》の火にさらに油を注いだ。谷中村へ行って事実を見、知り、渡辺から聞いた話で自分が感じたものがどれくらい確かなものかを見極めたい。そうすれば自分の道が開かれていくにちがいない。そう思った。その思いに共感し、理解してくれる友は辻のほかにいなかった。だが、辻はセンチメンタルだと取り合わない。それほど辻は冷淡だったのだろうか。

渡良瀬の鉱毒地に対する村民の執着――みすみす餓死を待ってその地に踏みとどまろうとする決心――それをある時渡辺君がきて悲愴な調子で話したことがあったが、それを聴いていた野枝さんが恐ろしくそれに感激したことがあった。僕はその時の野枝さんの態度が少しおかしかったので後で彼女を嗤《わら》ったのだが、それがいたく野枝さんの御機嫌を損じて、つまり彼女の自尊心を多大に傷つけたことになった。〔中略〕渡辺君の話には実感と誠意が籠っていたからとても嗤うどころの話ではないが、それに対して何の知識もなく、自分の子供の世話さえ満足に出来ない女が、同じような態度で興奮したことが僕をおかしがらせたのであった。しかし渡辺君のこのシンシャア〔sincere＝誠実の意か〕な話し振りが彼女を心の底から動かしたのかも知れない。そうだとすれば、僕は人間の心に宿っているヒユウマニティの精神を嗤ったことになるので、如何にも自分のエゴイストであり、浅薄であることを恥じ入る次第である。（「ふもれすく」）

辻は後年、このときのことを淡々とこう綴っている。

野枝は独りで思案し続けたが、思いついて大杉なら分かってくれるのではないか、と手紙を書く。渡辺が来る少し前の一月二〇日に大杉からローザ・ルクセンブルクの写真の付いた絵葉書をもらった礼もかねて。谷中村問題を聞いて興奮してしまったこと、辻が理解してくれないことなどを書き連ねた、とても長い手紙でラブレターのようであった。

渡辺のもたらした「谷中村問題」がきっかけで、野枝は日々身の回りから押し寄せてくる生活上の問題を押しのけ、これまでの自己中心的な生き方を問い、他者の苦しみや痛みをわがこととして思うようになった。それがお腹の中の胎児のようにどんどん大きくなっていく。野枝は民を殺す理不尽な国家と社会へと向かって奔《はし》り出そうとしていた。エマ・ゴールドマンのように。

「谷中村問題」は、野枝の舞台を変える一つの転機となったが、ことは一直線に進まない。

格闘と惑乱

野枝の年譜を見ていて一瞬、わたしの眼が一カ所で釘付けになった。「辻との婚姻届を出す」とあったからだ。一九一五年七月二〇日である。アナキズムに共感するところもあっただろう二人が同棲三年半を経て法的な結婚に踏み切っていた。

婚姻届けを出した四日後の七月二四日、野枝はらいてうから受け継いだ『青鞜』の編集を他人に任せて、郷里・今宿へ辻と一と一緒に突然帰郷した。両親などとの縁を切ったような出奔以来初の里帰りだった。

「野枝さんが辻さんと一緒に今宿へ来られたのは確かですが、当時の人はほとんど記憶がないようです。

今宿では辻さんの影が薄いんです」

まだ野枝の記憶が微かに残っているころ、今宿の郷土史家の大内士郎さんはそんな話を伝え聞いている。

帰郷して四カ月ほどした一一月四日、野枝は今宿で二男を産み、流二《りゅうじ》と命名した。

野枝が辻の家族の中でぎくしゃくした、息苦しさを覚えるようになったのは、一が生まれてからである。

野枝は子どもを負ぶってでも仕事をしたい、原稿を書き、勉強したい。それに対して姑は気風が良く、物わかりはいいが、家の習慣、母親の仕事や義務や責任などをさまざまな形で表すようになったのである。

その確執は、辻が生活のためには仕事はしないこととも絡んでいた。野枝はいつだったか、そうたぶんあの「谷中村問題」より前だったと思うが、辻とこんなやりとりをしたことがあった。

「ねえ、あなたはこの先き、何を一体やって行く気なのです。何かしようと思う事は極《き》まっているのですか」

「さあ、その何をしようかと云う事が、本当にまだ極まらないんだ。為《し》ようとすれば何だって新しく始めから出直すんだからなあ、何がいゝんだか解からないんだよ。俺にや、とても文学は望みがないし、音楽をやるかな、それにしてもなか〳〵飯にはならないからな。本当を云えば俺は尺八でも吹いて、ひとりで、放浪したいんだよ。何しろ俺はそんな事を考える大切な時代には、食の為に、一生懸命だったんだからなあ、今になって考えると馬鹿々々しくて仕方がない。まあ、もう少し考えさしてくれ」(小説「惑ひ」)

これでは取り付く島がなかったろう。

何度、辻と別れようと思ったか。らいてうが染井にいたころ、子ども連れで来て、涙をためて今宿へ帰ろうかと思っているんです、と訴える野枝の姿を眼のうらに留めている。辻はだが、野枝が愛とコンベンショナルとの間で悩み、苦しんでいることをほとんど理解しようとしなかった。らいてうにはそう思えた。

野枝はいっぽうで、コンベンショナルな縛りは理性の修養の力で超えられると思っていた。やがてそれが無理だと気づく。子どもを持った母親はかくあるべしという辻の母が求める家庭の因習の背後には社会がある、と気づいたからだ。

「社会と云う大きな背景が厳然と控えていた」「それを思うと、どうする事も出来ないような絶望に襲われる」(「乞食の名誉」)のだった。そこを超えていくには社会と闘うしかないと教えたのがエマ・ゴールドマンだった。彼女の闘いを知ると、野枝は憧憬を覚えて頭がくらくらする。

「谷中村問題」で辻との大きな齟齬に気づかされた野枝だったが、それでも辻への愛と信頼はそれほど大きく揺らぎはしなかった。ところがその年の四月、信頼していた辻と従妹との情事を知る。野枝は惑乱し、倒れそうになるほどショックを受けた。辻を信じ、愛していたからだ。辻のことばを聞こう。

僕らの結婚生活ははなはだ弛緩していた。加うるに僕はわがままで無能でとても一家の主人たるだけの資格のない人間になってしまった。酒の味を次第に覚えた。野枝さんの従妹に惚れたりした。従妹は野枝さんが僕に対して冷淡だという理由から、僕に同情して僕の身の回りの世話をしてくれた。野枝さんはその頃いつも外出し多忙であった。僕とその従妹との間柄を野枝さんに感づかれて一悶着起こしたこともあった。野枝さんは早速それを小説に書いた。野枝さんは恐ろしいヤキモチ屋であった。（「ふもれすく」）

二人が婚姻届を出したのは、この一件の直後だったろう。野枝が主導して届を出したのではないか。野枝の辻への愛の深さ、それと場面を変えたいという思いがあったにちがいない。彼女は愛に揺れ、苦しみ、コンベンショナルの軛《くびき》からどうしたら解放されるのか悩み続ける。

「日蔭茶屋事件」の後先

大正天皇の即位礼および大嘗祭の「大礼」を前にした一九一五年秋（昭憲皇太后の死去で一九一四年一一月の予定が一年延期された）、日本基督教婦人矯風会が「御大典」といった公の席では「賤業婦」と同席はしない、今後六年の間に公娼を全廃させることなどを決議した。

野枝はその報道をおそらく郷里で知ったのだろう。流二を産んで一カ月ほどした一二月初め帰京してすぐ、『青鞜』一二月号のために「傲慢狭量にして不徹底なる日本婦人の公共事業に就て」を発表した。タイトルは仰々しいが、矯風会の公娼廃止運動への批判であった。野枝の多くの評論に見られるようにあまり論理的ではないが、野枝らしい感覚の鋭さがあった。

矯風会が同席を拒否する芸娼妓を「賤業婦」と呼称していることに、野枝は何より同会の差別性を見る。「それ丈で既に彼女等の傲慢さを、また浅薄さを充分に証拠だてる事が出来る」。矯風会の芸娼妓に対する蔑称は、会の創立（一八八六年）当初のころからだった。管野須賀子は蔑称に早くに気づいたが、矯風会は変わらなかった。それはしかし矯風会だけでなかった。日刊『平民新聞』にも「醜業婦」ということばが散見するから、初期社会主義が男性中心だったこととも関係しているだろう。野枝は社会主義的な思考ではなく、ことばに込められた差別性に直感的にピンと反応したのだ。

野枝は六年間で公娼を全廃するという決議についても批判する。花柳界の女たちが存在しているのは、「男子の本然の要求と長い歴史がその根を固いものにしている」からで、その背景を無視して六年間で全廃なんてどうして言えるのか、たとえ一〇年と言っても、男性性と歴史を問題にせずに廃止をいうのはナンセンスだ、と反論した。

矯風会が公娼廃止の理由とした「ああした商売があると云うことは日本の国家が外国に対してはずかしい事ですから公娼だけを廃止させたい」という説明にも、「公娼は外国人にみっともなくて私娼はみっともなくないと云う理屈が果たして成り立つのか」と述べて、不徹底だとその矛盾を突く。そもそもみっともないとか、みっともなくないとかが矯風会の公娼廃止の唯一の論拠だとすれば、愚かというより「かなしむ」と述べ、外国人のために矯風会は公共的事業をしているのか、と批判する。公娼が恥ずかしく、私娼は恥ずかしくないのか、むしろ私娼のほうが社会風俗を乱し、病毒を伝染させ、悪影響を及ぼすなども主張し、矯風会の活動は「徹頭徹尾虚栄」だと口を極めて批判した。

野枝は、娼妓にならざるを得なかった社会の底辺に置かれている女たちの苦悩のプロセスを無視して、たんに「止めろ」というのではなく、彼女たちが受け容れられる方法を考えるべきだと主張する。そうして彼女たちを「賤業婦」と見做して「人間から除外しようとしている」矯風会の思想を論難したのだった。

野枝の強烈な批判は、日本の婦人運動では最も早かった矯風会の活動の歴史、また公娼の歴史や実態、公娼廃止による私娼の問題などについてよく調べずに、直感だけで書かれていた。さっそく反論が寄せられた。論客の青山菊枝(一八九〇年生まれ、後に山川菊枝)に鋭くかつ論理的に、データを示されて「こんな制度を公認」しておいていいのか、と突っ込まれたのである。もちろん野枝には公娼制度を認める意図はなかったのだが、いつものように激するとすぐ筆を執って向かっていき、不勉強のまま筆を執ったために公娼制度に賛成のように受け止められてしまったのである。青山の批判が掲載された『青鞜』(一九一六年一月号)で野枝は懸命に弁解する。

「公娼廃止についてあなた(青山)の考え方は正当です。私はそう云う方面に全く無智なのです。私はまだそういう詳しい事を調べるまでに手が届かなかったのです。その点では私はあゝ云う事を云う資格は全くなかったかも知れません」「別に深い自信のあるものではありませんでした」などと冒頭で言い訳し、小さくなっている。そして末尾で「もうこれ以上この問題について云々することは御免蒙りたいと思います」と両手を挙げてしまった。青山はしかし批判を緩めず、同誌の一九一六年二月号では自信のないものを発表するな、と最後まで手厳しかった。

論争好きで負けず嫌いの野枝がぎゃふんとやられた珍しい事例だが、「賤業婦」ということばに込められた差別性を鋭く突いたところは、やはり彼女の感性の確かさで、公娼制度の問題にすぐに感応したのも野枝ならではであった。管野須賀子の感覚と重なるが、この問題に関しては須賀子に比べると、身体から湧き上がってくるようなことばの力に欠けていた。そこが理論家の青山に見破られたのかもしれない。

野枝と青山の「廃娼」をめぐる「論争」の掲載された一九一六年二月号が、「元始、女性は……」で幕を開けた『青鞜』の最終号となった。『青鞜』はその後、無言のまま歴史の舞台から突然のように姿を消してしまったからである。

そのころ、野枝と大杉との関係は一気に熱くなっていた。彼女は『青鞜』を継続して編集できるような状態ではなかったのだが、一九一六年一月三日から『大阪毎日新聞』に大きな連載を始めた。「雑音――「青鞜」の周囲の人々「新しい女」の内部生活」のタイトルで四月まで四二回もの長期連載だった。第一回を見ると第四面の全頁を使った大型の連載で、一を抱き寄せるような野枝の写真が掲載されているだけで他の記事はない。第二回の六日付も同じように第四面の全面が充てられている。野枝のバイタリティある筆力に圧倒される。

辻との溝は、第二子が誕生しても埋る気配はない。信と愛は微妙にずれて、信を喪ってしまうと愛の力も失せていく。婚姻届けという「法の力」で乗り切れることではなかった。野枝が大杉の強力な引力に引き寄せられていったのには、辻との微妙なズレも影を落としていたのだろう。

「僕とわかれるべき雰囲気が充分形造られていたのだ。そこへ大杉君が現れてきた。一代の風雲児が現れてきた。とてもたまったものではない」という辻の後年の述懐が説得力を持って聞こえてくる。

大杉は、何とか二年続けた『近代思想』を廃刊した後、『平民新聞』を月刊の形で「復刊」したが、発禁また発禁の連続であった。それではと再び『近代思想』を始めたが、これも発禁ばかりで、ついに倒れてしまった。同志だった寒村との確執も重なって、その後半年ほど大杉はなす術を失ってしまった。自らのメディアを持たなければ運動にならないから、権力は徹底的に社会主義、無政府主義の機関である新聞や雑誌を弾圧した。発禁処分などは思想や表現の自由に対する弾圧であるのに、それがくり返されると社会は慣れてしまい、不当とは思わないようになっていった。思想と表現の不自由は、「大逆事件」後の特高警察と、戦争国家化の中で登場した治安維持法体制だけではなく、弾圧や抑圧に対する社会の慣れと無関心がそれを支え、一九四五年の敗戦後も占領当局の人権指令が出るまで続いたのであった。「冬の時代」は明けぬまま、広く深く敗戦後まで続いたのである。

一九一六年二月初めのある日の夜だった。大杉が野枝を呼び出し、日比谷公園で初めてのデートをする。熱い抱擁に唇を重ねて別れるが、このあたりから二人の言動、とくに大杉の言動が混乱していく。

大杉はすでに『東京日日新聞』の敏腕記者の神近市子《かみちかいちこ》（一八八八年生まれ）と関係があり、そこへ野枝がからみ、一〇年近く一緒にいた妻の保子とのいわば卍巴《まんじともえ》の状態になっていた。運動の手詰まりに加えて大杉は自身がつくりだしてしまった切羽詰まった恋愛の状況をしのぐために、野枝らにフリーラブの三条件を提案する。二月の半ばごろだ。

「お互いが経済上の独立」「同棲せずに、別居生活をする」「お互いの自由を性的自由を含めて尊重する」――。彼女らが受け容れられるはずもない大杉の「ひらき直り」で「強がり」（飛鳥井『大杉栄書簡集』）だったが、恋とはやっかいで、内心ではそれぞれの思惑が働いて大杉の身勝手な条件を呑んだ（大杉『日録・大杉栄伝』）。もっとも、「古い女」を自認していた保子はさっさと離別を決意し、三月三日大杉と暮らしていた逗子を引き払って一人で東京市四谷区南伊賀町四一番地（現・新宿区若葉二丁目辺り）に転居した。ここはかつてらいてうが住んでいた家であった。保子はそこで淋しく独り住まいし、大杉の悲劇的最後の翌一九二四年三月一七日に持病の腎疾患で息を引き取っている。四一歳であった。

一九一六年の春三月のある晩だった。野枝はかつて隣家に住み親しくしていた染井の野上弥生子宅に流二をおんぶして訪ねた。辻との離別のことを話し、大杉とのことを相談した。そのとき野上は野枝に勉強するようにと勧めたという。野上の回想を聞く。

あなたがT氏〔辻〕との生活を築き直そうとしてどんなに努力したかは十分に知っているつもりだから、それが失敗に終わって自分の持ち場を去ろうとするには異議はない。しかしその儘《まま》大杉氏のところへ行くことだけは考えなければならないと思う。殊に神近さんのような、間にはさまっている他の異性があるとすれば、非常に面倒な苦しい関係になりはしないか。それよりもこの機会を利用して、一、二年みっちり勉強することをお勧めしたい。――「時」が一番よい判断を与えてくれると思う。
（「野枝さんのこと」）

そんな話をすると野枝は、おんぶしていた流二を前に抱きかかえて大きな涙をぽたぽた落とすのだった、と野上は続けている。

野枝が大杉への感情を辻に話したのは四月半ば過ぎだったようだ。辻は激高し、野枝を足蹴にするなどその場は、愛憎がむき出しになり、修羅場と化した。完全に壊れてしまった。野枝と辻の激しい四年は終わった。辻はその後ダダイストになって全国を放浪し、その旅の道連れに野枝のラブレターの束を持ち歩くが、一九三三年春にそれらを自由ヶ丘の知人の舞踊家・石井獏に預けた。しかし石井のスタジオが一九四五年五月の空襲で全焼し、野枝の恋文も灰になってしまった（石井『舞踊詩人　石井獏』など）。辻はその半年前の一九四四年一一月二四日、東京・上落合のアパートで六〇年の波瀾の生涯を閉じていた。餓死だったと伝えられている。

野枝と辻は話し合いの結果、二歳半の一は辻が育てることになり、野枝は生後三カ月の赤ん坊の流二を連れて小石川指ヶ谷《さしがや》町の家を出た。一九一六年四月二四日（二二、二八日とも）であった。野枝はすぐに青鞜社の元社員だった荒木郁《いく》の母が経営していた神田区（現・千代田区）三崎町の旅館兼下宿屋の玉名館に入る。そこで二カ月ほど過ごした後、野枝はかつてらいてうが逗留していた千葉・御宿の上野屋旅館に落ち着く。このときまではおそらく野枝は大杉とはすぐに一緒にならず、野上の忠告もあったが彼女も熱望していた勉強をするつもりだった。恋はしかし冷静な判断や論理を押しのけて日々、刻々と海のように変化していく。思い通りにはいかない。とりわけ燃え立つような恋ならば。

辻との離別がジャーナリズムを賑わし始めた。野枝には大杉とのうわさがかぶさった。しかしもう恋の炎は消せない。野枝が御宿へ行ってから大杉との間で恋の、かなりあけすけな手紙のやりとりが始まった。手紙だけでは足らずに大杉は六月下旬までの間に、両国から三時間半ほどかかった御宿へ三度も野枝に逢いに行っている。野枝が一人で勉強するなどできるわけもなかった。それに流二がいる。

野枝にはだが、お金がなかった。大杉にもなかった。二人とも素寒貧《すかんぴん》であった。野枝はすでに金策のために一九一六年二月には大阪に住む叔父・代を訪ねて何がしかの都合をつけてもらっていたが、追いつかない。流二のお乳代もままならなくなった五月二〇日、野枝は叔父に訴えている。

子供を連れていましてはどうも思うように、ゆきませんので、こちらで、どこか預ける処をとおもってさがして居りますがなかなか見当たりません。牛乳丈でもい丶のですから。こちらで駄目だったら九州に連れてゆこうかとおもっています。

ようやく上野屋の紹介で六月半ばごろに毎月一〇円近く払う約束で夷隅《いすみ》郡大原町根方の若松宅に流二を預けることができた。生活に目途が立てば、引き取るつもりだった。結果的に野枝は流二を迎えられず、里子に出したのと同じになってしまった。しかも流二は里流れになる。一と流二、野枝は二人の可愛い子どもを手放してしまったが、それは決して彼女の本意ではなかった。わたしはそう思う。

辻よりはるかに子どもを大事にしていたといっていい野枝は「両親の傍で成長し得ない子供の不幸は、私自身がよく知りぬいている事でした」(「申し訳丈に」)と書いたように、子どもを手放すことがどんなに辛かったかを自らの体験と重ね合わせて知っていた。「私は自分の子を他人にやったりは絶対にせんよ」と母・ウメに向けたことばを野枝はこの時、思い出して大粒の涙を落としていたにちがいない。

このころ、懐が空っぽの野枝にも実は原稿料の入るアテがあった。前年に長い連載をした『大阪毎日新聞』に辻との別れから大杉と一緒になる経緯を小説にして掲載することになり、御宿で執筆を始めた。野枝の目算はしかしアテが外れる。六月半ばごろに『大阪毎日』から掲載は困難としてすでに送っていた原稿が返送されてきたのである(大杉『日録・大杉栄伝』)。

野枝はその後も金策のために一九一六年七月、八月、九月と三回、大阪の代と九州の叔母の坂口モトを訪ねているが、うまくいかなかったようだ。バイタリティのある野枝もさすがに心身の疲れは隠しようもない。九月、野枝はとうとう大杉が下宿していた麴町区三番町(現・千代田区九段南四丁目辺り)の下宿屋「第一福四萬館《ふくしま》」に転がり込むようにして同棲生活に入った。だが一〇月には溜まっていた下宿代が払えず二人はそこを追い出され、「大逆事件」で刑死した新宮の医師・大石誠之助の甥で、アナキストだった画家・大石七分《しちぶん》（一八九〇年生まれ）の世話で長期滞在できるホテルスタイルの下宿屋で知られた本郷区本郷菊坂町（現・文京区本郷五丁目）の「菊富士ホテル」へ移る。下宿代は一人一カ月三〇円。二人で六〇円。この金はどこでどう捻出したのだろう。

大杉の『自叙伝』には、このころに内務大臣官邸に後藤新平を訪ね、雑誌発行の費用として「内々」の条件で三〇〇円をカンパしてもらった話が書かれてある。回想記や自叙伝の類はすべて事実とは言えないが、金額はともかく後藤内相から何がしかの資金の援助を受けたのは確かだろう。

野枝は休刊したままの『青鞜』をどうするつもりだったのだろう。

「私、平塚さんのところまで行きたいわ」。大杉は運動に不可欠だった雑誌発行のための資金を稼ぐための原稿書きで一一月六日に葉山の料理旅館「日蔭茶屋」（現・日影茶屋）へ行く予定だった。その前日、野枝は『青鞜』譲渡以来、葉書一枚しか出していなかったらいてうを訪問しようと思い立った。そのころらいてうは奥村博史との間に一年前に生まれた長女・曙生《あけみ》と茅ヶ崎にいた。野枝は葉山へ行く道すがら、茅ヶ崎に立ち寄り、自身のことや『青鞜』の継続について話すつもりだった。

らいてうの自伝によると、この日野枝は『青鞜』のその後について、今までごたごたしていたが、これからは少し落ち着くと思うので、もっと小さなものにしてでも続けたい、とその継続計画を話した。らいてうにはしかし、野枝のことばがその場限りの言い繕いのように聞こえた。

大杉の自叙伝には「僕らはひる飯を御馳走になって二、三時間話していたが、お互いに腹の中で思っている問題にはちっとも触れずに終った」とあり、『青鞜』の継続の話は出なかったようでもある。野枝はしかし話すつもりだったから立ち寄ったのだが、話す緒を見つけられなかったのかもしれない。あるいは、らいてうが書き留めているように「小さなものでも」ということぐらいは言ったのではないか。その後の野枝の歩みはしかし、どんなに小さくしても『青鞜』の継続は無理だった。

一一月一〇日朝の新聞を広げたらいてうは、声を上げるほどびっくりした。「大杉栄情婦に刺される」「相州葉山日蔭の茶屋の惨劇」――大杉栄が九日未明に神近市子に首を刺されたのだ。神近は大杉を刺したあと入水自殺を試みたが、泳げたために未遂に終わった。神近は自首し、裁判で動機は嫉妬だと堂々と認めて懲役二年の判決で服役した。鮮烈な女性であった。

大杉は逗子の千葉病院に運ばれ六針縫うだけで済んだが、全面的に引き受けなければならなかった卍巴の結末だった。野枝は菊富士ホテルで一報を聞き、病院へ駆けつけ退院するまで看護を続けたが、見舞いに来た同志の宮嶋資夫（一八八六年生まれ）らに殴られ、蹴られ、突き倒され、病室まで追っかけられた。宮嶋らが神近や堀に同情したからである。野枝は恋に真っ直ぐだったから、嫌われる存在になってしまった。

スキャンダラスな「日蔭茶屋事件」は、当時のあらゆるジャーナリズムに取り上げられ、大杉と野枝は非難囂々《ごうごう》の海の中へ投げ込まれ、袋叩きにされた。大杉は長年の同志や友人からも非難された。少なからぬ友や同志が去った。大杉を潰したい国家権力はほくそ笑んだだろう。力を行使せずに大杉を追い詰めたのだから。

「事件の主役の一人」野枝には、辻と別れたときから子どもを捨てて、「大杉の許へ走った」酷い女というイメージが出来上がり、そこへ「日蔭茶屋事件」が重なって「淫売婦」などとありったけの罵詈《ばり》を浴びせられた。二人への非難、中傷の包囲網は一過性に終わらなかった。野枝に対するそれは、生まれ故郷では戦後も長く滞留するようにあったようだ。「野枝さんと同学年の女性に話を聞きに行ったところ、あんな淫売女なんか知るもんですか、今宿の恥ですよ、とけんもほろろに追い返されたことがありました」。大内士郎さんが公民館の主事をしていたころの話である。伊藤ルイや笑子はそんな針の筵の上で少女時代を過ごしたのか、と「伝説」の重さに改めてため息が出るのだった。

野枝と大杉は金策に駆けずり回っても八方ふさがりの状態が二年近く続き、原稿も書けず、住所も定まらず、転々とする生活が続く。だが逆境は、かえって二人の愛と信頼を育て、恋人として、友人として、そして同志としての絆が強くなっていった。

野枝は、大杉と手を携えることでようやくエマ・ゴールドマンが指し示した道へと入っていく。出発が、廃村にされた谷中村訪問だった。一年前に渡辺政太郎に聞いて、胸掻き毟《むし》られるように興奮した「谷中村問題」である。それまでの人生を、激変させるきっかけになったこの問題で、栃木県知事が一九一六年一二月一〇日の期限を設けて、廃村になった村に残っている一四、五軒の農家に立ち退きを求めるという記事が出た。

その日、野枝は大杉を促して、どうしても現場へ行きたいと寒い中を、下駄と着物姿で谷中へ向かった。野枝は小説「転機」の中で、初めての谷中訪問を鮮やかな筆致で描いている。省略しつつ一部分を引く。

それは何と云う荒涼とした景色だったろう！　遥かな地平の果てに、雪を頂いた一脈の山々がちゞこまって見えるほかは、目を遮ぎるものとては何物もない、唯だ一面の茫漠とした沼地であった。重く濁った空はその広い沼地の端から端へと同じ広さで低くのしかゝり沼の全面は枯れすがれて生気を失った葦で覆われて、冷たく鬱した空気が鈍くその上を動いていた。〔中略〕何処を何《ど》う見ても底寒い死気が八方から迫って来るような、引き入れられるような、陰気な心持を誘われるのであった。

谷中はかつて豊饒な土地だった。そんな土地をなぜ大金をつぎ込んで殺したのか、と野枝は茫漠とした廃地を前に嘆息する。一年前の疑問が再び頭をもたげてくる。多くの人の瞋恚を集め、「涙をわかされた土地」なのに簡単に忘れてしまうのはなぜ、と。野枝は渡辺の話に出た島田宗三に会いたかったが、不在だった。代わりに話を聞いた兄は、村に残ったのは生地を再興したいからだったのですが、もう今となっては仕方がありません、少数ではどうにもなりません、蒔いた麦の収穫が終わったら……と絶望的な話を淡々としかし寂しそうに、物置小屋のような住居の前でつぶやくように語るのだった。野枝は何もできなくても、やはり来て良かったと思う。

小説「転機」は、野枝の数多い創作の中の秀作の一つである。

谷中村から帰京した翌々日の一二月一三日朝、衝撃的な悲報が大杉の許に届く。年明け早々に挙式の決まっていた妹の秋（一八九八年生まれ）が喉に包丁を突き立てて自死したのである。「日蔭茶屋事件」のために突然破談になったのを悲観したのだ。大杉は自らの行状が引き起こした取り返しのつかない妹の自害について何も書き残していない。

「あれは、本当に堪《こた》えたと思いますね。書けなかったでしょう」。一〇〇年前の悲惨過ぎる出来事に甥の大杉豊さんは、それだけ言って口を閉じた。

この年野枝は要特別視察人になり、尾行がつくようになった。旧谷中村行にもついていた。

女性の解放と自由を求めた野枝は、ようやく自己中心的な生き方から他者の存在を意識するようになり、大杉の期待どおりに社会へ飛び出した。彼女の偽りのない真っ直ぐな生き方からすれば、それは必然だったろう。だが越え切れん坂が野枝の前にまたも現れる。エネルギッシュでバイタリティのある野枝はその坂をどう越えていくのか。いっぽう野枝より早くに女性の人権獲得を求めて表現活動を続けてきた須賀子の厳しい状況を見ておかねばならない。「冬の時代」の中で公然と無政府主義者を名乗ったのだから。

注

（1）赤旗事件公判の記録は『熊本評論』が最も詳細に報じており、内容的にも正確と思われるので主として同紙に拠った。

（2）訪ねてきたのは宮嶋資夫・麗子夫妻とする説もある（岩崎呉夫、井手文子）が、それまでの野枝の交流・付き合いの関係と現場にいた辻の記憶に従って渡辺政太郎夫妻と判断した。『野枝1』「解題」も渡辺夫妻としている。

（3）渡辺政太郎の話とそれを聞く野枝の反応と心模様などの場面全体は『野枝1』所収の「転機」に拠り、主旨を曲げない範囲で脚色した。

第5章 記憶へ

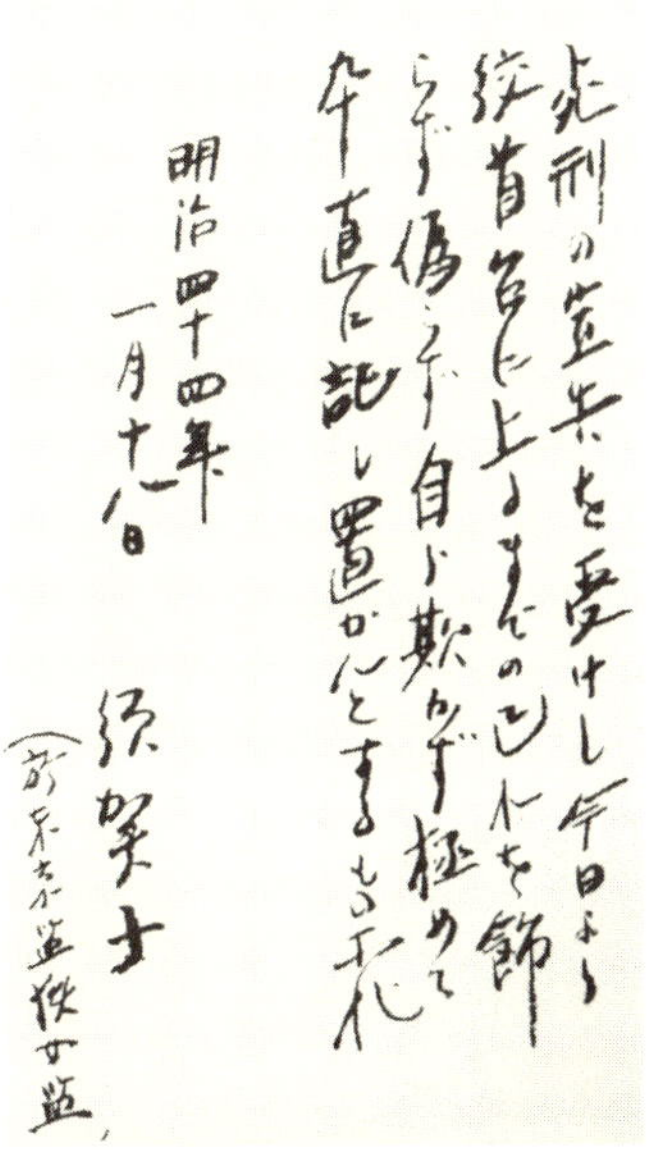
死刑の宣告を受けし今日より絞首台に上るまでの己れを飾らず偽らず自ら欺かず極めて卒直に記し置かんとするもの也

明治四十四年一月十八日

須賀子

於東京監獄女監

須賀子の獄中手記「死出の道艸」のはしがき.

聖路加病院を退院した大杉栄を迎える野枝
(1921年3月).

1　大逆事件

弾圧下での恋

「赤旗事件」で無罪になったとはいえ、尾行もつくようになり、喀血するほどに結核も進み、職も失った須賀子はどうやって食べていたのか。妹を失ってからは孤独になり、心から打ち解けて話せる友人や知人も少なかった須賀子が頼りにしたのが、大杉の妻の堀保子だったのではないか。

当時の社会主義者の妻たちは、女性の政治結社や政治運動への参加が禁じられていたため「台所方」として運動を助ける役割を積極的に担っていた。雑誌の編集や執筆で生活費を稼いで活動していた夫が囚われてしまうと、たちまち家計が危うくなる。堺の妻の為子《ためこ》は娘の真柄《まがら》がいたためより大変で、今川焼きを始めたが思ったほど売れず、髪結いを始めてようやく糊口をしのいでいた。

保子はしかし、病弱だったために為子のような髪結いなどの労働は無理だった。須賀子も同じだった。保子の窮状を援《たす》けたのが、中国革命党に所属していた三人の中国人であった。彼らは大杉のエスペラント学校の受講生で、「師」の恩に酬《むく》いたいと、豊多摩郡淀橋町柏木に一軒の家を借りて寄宿舎(「神谷荘」)にし、保子が管理人になって生計を立てられるようにしたのである。保子の思い出の記によると須賀子もそこに同居し、食事の世話などをして何がしかの生活費を得ていたようだ。

「神谷荘」ではしかし、何者かによって中国革命党員が毒茶を仕掛けられるなどの事件が起き、全員帰国することになってしまい半年ほどで保子も須賀子も仕事を失ってしまう。その後須賀子がどこで、どうやって暮らしを立てていたかはっきりしないが、胸の病が思わしくなく、秋水の世話で年明けの一九〇九年二月ごろに逗子の寺で療養している。この辺りから秋水と須賀子の関係に恋愛感情が生まれていたように思われる。同じ二月の末に群馬県出身の若い社会主義者で秋水に心酔していた築比地《ついひじ》仲助《なかすけ》（一八八六年生まれ）が、柏木から巣鴨に引っ越していた平民社に正月の残り餅を持って訪ねた際には、秋水、須賀子、そして新村《にいむら》忠雄（一八八七年生まれ、「大逆事件」で刑死）が同居していたというから、須賀子は療養先の逗子には一カ月もいなかったのだろう。

巣鴨の平民社時代に秋水の私生活に大きな変化が起きた。

「三月一日、妻千代子を協議離婚。四日届出」。近代史研究者の故大野みち代が編んだ秋水の詳細な年譜にこう記されてある。国学者・師岡正胤の娘で、漢学はもとより英語やフランス語にも通じ、画家でもあった才媛の千代子と秋水が結婚したのは一八九九年七月、二九歳の時で『万朝報』記者時代である。秋水は二度目の結婚で、前妻の西村ルイ（朝子とも）[1]とは一年足らずで一方的に離縁状を送りつけて別れていた。千代子とはちょうど一〇年ともに暮らし、彼女はこの年一月一八日に上京して柏木から巣鴨へ引っ越するまでは秋水と一緒だった。なぜ突然のように別れたのか。

千代子の姉・松本須賀子は名古屋控訴院判事の妻で、秋水の社会主義活動にブレーキをかけるように陰に陽に何かとうるさく言っていた。秋水は運動の逼迫もあり、腹に据えかねたのか、千代子の上京前に義姉に宛てて長い手紙を書き送った。その中で秋水は、革命家の妻は夫の死をも覚悟してもらわねば困る、そうでなければ、「私との関係を絶つ」しかない、と離婚を示唆したのである。

千代子の上京後の二月中旬の義姉宛てでは弾圧の具体的な状況にも触れつつ、離婚へと踏み込んだ。

先日千代が申し上げた通り、全く小生と分かれ、革命運動の中心より遠ざかることが安全利益で、且つ御宅の方にも累を及ぼす心配がなくてよいと存じます。

秋水の強引とも思える離婚には、須賀子の存在は無視できない。秋水の義姉宛ての手紙にはもちろん、須賀子について一言も触れられていないが、彼の中に「赤旗事件」の裁判で知った情熱的で覚悟を決めたような潔い須賀子の姿が意識されていただろう。

千代子と離婚した秋水は三月一八日、須賀子が見つけた豊多摩郡千駄ヶ谷町九〇三(現・渋谷区千駄ヶ谷)の広い庭のある空き家に移り、平民社の看板を掲げた。そこに須賀子が秘書役のような形で同居したが、新村忠雄も一緒である。このときの須賀子の秋水への気持ちを摑むのは難しいが、身寄りもなく、仕事もなかった彼女は、千駄ヶ谷に移ってからは秋水と生死を共にしていこうと決意していたように思われ、二人の恋の道行きが始まっていただろう。

ただ秋水の周囲、とりわけ同志からは彼が離婚してすぐに別の女性と同棲することに対する批判があった。また、須賀子には寒村という「夫」がいるのに秋水を誘惑した(ようにみられていた)のはけしからん、という批判も同志の間で噴き出し、広がっていた。このころから彼女に「妖婦」などという雑言が浴びせられるようになった。平民社への同志の足も遠のいていく。秋水は孤立し、須賀子に対しては堺為子や堀保子らからも批判が起きる。

柏木、巣鴨、そして千駄ヶ谷とわずか半年ほどの間に秋水が三度も転居せざるを得なかったのは、警察が秋水の行動を見張るために平民社前に巡査を四六時中張り付ける弾圧をしていたために、それぞれの家主から追い立てられたからだった。国家権力は秋水の運動の手足をもぎ取るような弾圧を続け、そのために彼は書く場を失い、経済的な困窮が続き、持っていた大事な書籍を売り食いしながらやっと生活を支えるような状態だった。巣鴨から千駄ヶ谷に引っ越しする際にもあまりに荷物が少なく、手伝った築比地は内心驚いた。

須賀子と秋水の恋はしかし、国家権力の過酷な弾圧や同志の離反・非難による孤立化でかえって熱くなり、二人の、ことに須賀子の秋水への愛を強くしていったようだ。

築比地は二人の関係について「恋は思案の外である」とその核心を衝く。「（須賀子と秋水が突き進んだ）フリーラブの思想は婦人の解放とうらおもてになっている。婦人の解放なくしてフリーラブはあり得ないのである。婦人を私有財産のように考え、がんじがらめに男性にしばりつけて置くことは、新しい時代にふさわしくない。フリーラブは婦人の自由意思をたっとぶ。いやしくも被圧迫階級の解放を目的とする社会主義者にして、この初歩の理屈がわからないのは情けない」。こう嘆いた築比地は、「妖婦」のごとく言われた須賀子を石持て打つことはできないとはっきり述べていた。女性の解放は、「特にその頃は叫ばなければならなかったのだ」（敗戦後一九五九年七月の回想）。彼のいう「特にその頃」とは、二〇世紀初めの日本であった。女性の解放は、須賀子が『大阪朝報』以来ずっと主張してきた男性優位の社会を変革することであり、当時にあってはまさに革命的な思想で、フリーラブはその一つだったのだ。

「自由思想」の闘い

秋水と須賀子は、弾圧下と同志の離反の中で、若手の社会主義者グループ「山手平民倶楽部」の戸恒保三（生没年不明、栃木県出身）、竹内善朔（一八八五年生まれ）らの協力で打って出た。一九〇九年五月二五日に創刊した『自由思想』第一号である。秋水は発刊の序で「自由思想」の目ざす射程を熱っぽく語る。

嗚呼乾坤自由なきこと久し、吾人は言論の自由なし、吾人は集会の自由なし、政治の自由なし、信仰の自由なし、恋愛の自由すらも未だ之あらず、甚だしきは即ち労働の自由、衣食の自由、生存の自由すらも之無きに非ずや（中略）怪しむ勿れ、自由の思想なき処、何ぞ自由の行動あることを得ん、人間自由の行動に依って社会の幸福を来さんと希《こいねが》う。先ず自由の思想に向かって民衆の進歩を求めざる可からず。

秋水はさらに、「編集室より」で、政治問題、倫理問題、経済問題、婦人問題などあらゆる方面において、「習俗的伝説的迷信的の権威」に縛られずに、唯一の判断者として「自由思想」を以て進みたい、と述べる。

あらゆる問題に取り組む柱として「自由思想」を打ちたて、ダイナミックに進んでいくという決意表明である。「習俗的伝説的迷信的の権威」の射程を延ばしていけば、そこに最たる「権威」の天皇（当時はまだ天皇制ということばはない）を秋水は見ていただろう。

「編集室より」の後段のほうに「編集は管野須賀子君が専ら之に当たり」とある。社会主義運動の機関紙ではあっても須賀子にとっては『牟婁新報』以来三年ぶりの編集である。しかも敬愛する師（須賀子はこのころは、秋水のことを「先生」と書き、呼んでいた）であり、恋人であり、同志である秋水と一緒に「自由」獲得のために闘う新聞づくりの中心を担ったのだから、昂ぶった気持ちだったろう。

秋水は「編集室より」で続けて須賀子を読者に紹介する。「管野女史は雅号を幽月という。久しく関西の文壇で知られ、後ち東京の『毎日電報』に従事して居ましたが、此の雑誌の読者にはなじみが薄いかもしれません。去年赤旗事件で入獄した一人で、日本の法廷に立って「予は無政府主義者なり」と大胆に公言した婦人は恐らく此の人が最初なのでしょう」。

須賀子はたしかにごく一部の同志には知られていたが、全国に及ぶ『自由思想』の読者には、それほど知られた存在ではなかったようだ。秋水は、須賀子を女性としては初めて無政府主義者と名乗ったことをやや誇張しながら紹介しているが、我が同志と言いたかったのだろう。

『自由思想』は、実は第一号の前に創刊号が出るはずだったが、印刷寸前に差し押さえられてしまった。発行もされない新聞を差し押さえるというのだから、無法であった。「当局は幸徳などの書いたものは絶対に発禁する方針」という風聞がどこからともなく届き、新聞発行のそのものも諦めるかというところまでいったが、「大いに日本政府を信用して」作り直して発行したのが第一号だった。

須賀子は編集だけでなく、校正、会計、発送、全国の同志との連絡や通信などを、病身に堪えながらほとんど一人でやり切った。その苦心の一端を彼女は紙面で語っている。

手が少なく、時間がなく、健康がなくて〔須賀子は胸の病に苦しんでいただけでなく、後に隆鼻術と誤伝された蓄膿症の荒っぽい手術を受け、秋水は歯の治療で苦しんでいた〕編輯の方が不完全を極めたのみならず、財政に於いても、第一回に受けた損失の上に、初めに広告して前金を得るの余裕もなく、第一号は成るべく見本として無代進呈したいと思い、頁数も減らして四頁とした〔後略〕

第一号が刷り上がったのは一九〇九年五月二二日。「無事に刷り上がったのを手にした瞬間の嬉しさ、胸が一杯になった」。須賀子は第一号の「ぬきが記」に感慨を込めてこう記している。その苦心の第一号も即日、差し押さえられ、発行人兼編集人の須賀子は新聞紙法の「秩序壊乱」違反で告発された（一九〇九年五月六日、新聞紙条例が廃止され、より強化された新聞紙法が公布・施行）。

それでも秋水と須賀子は弾圧に抗して、六月一〇日に第二号を発刊した。この号には須賀子が一年前に巻き込まれた「赤旗事件」での体験を綴った「囚はれの記」が掲載されてある。神田警察から警視庁、検事局を経て東京監獄へ護送された日の様子を描写した珍しい体験記で、須賀子らしいユーモアにあふれた筆致である。

同志十四人が二台の護送馬車に押込められ、声も涸れよと革命の歌を謡《うた》い、無政府党万歳を叫びながら、東京監獄の門内へ引き込まれたのは、日も暮れ近く、夕の涼風が襟に冷たい頃であった。〔中略〕こゝに罪無き我等の自由を束縛するのかと、切歯《せっし》しながら四辺《あたり》を見廻していると、「サ、是を被るんだ」と、横柄な看守が小暮〔れい子〕、大須賀〔さと子〕、神川と、馬車から降りた順に一つ宛《ずつ》、女に丈けお定《きま》りの編笠を突きつけた。編笠！　名前も形も好もしい、何だか急に時代小説中の人物になった様な感じがする。〔中略〕日はもうトップリと暮れて居る。せめて昼間でゞもあったらと、クサ〳〵して居ると、軈《やが》てガチャリ〴〵と帯剣の響きが近づいて、錠を外して呉《く》れるので、ヤレ嬉しや、兎に角此の窮屈な処から出して呉るのは有り難いと、ホッと息して出かけると、

「出るんじゃ無い、飯だ」と、薄汚い二合半枡の浅い様なものに、盛相飯《もっそうめし》と味噌を一塊《ひとかたまり》、其の真ん中に檣《ほばしら》のように杉箸を突き立てたのを邪慳に突き出す。ムッと臭気が鼻を衝く。手にふれる勇気も無い。

「食べません」。同感と見えて女連は皆突き返して了ったらしい。〔中略〕彼是《かれこれ》二時間も経ったろう、例の帯剣の響と共に、パタリ〳〵と引き摺る様な板草履の音が聞こえて、軈て、

「四人ですか」

と云う、細い女の声がする。愈《いよい》よ私たちが、女監へお客様になる時が来た。

体験記の末尾で須賀子は、次号で捕まるまでの経緯を記すと予告していた。読者はしかし、それを読めなかった。第二号も発禁処分を受けてしまったから。新宮の医師・大石誠之助が『京都日出新聞』に無門庵主人の筆名で寄稿した「家庭破壊論」を転載、それを解説した記事が発禁処分の対象になったようだ。

大石は、愛情がなくても経済的事情や世間体だけで結びついている夫婦の欺瞞を突き、社会の改革にはまず家庭に手を着け、愛情なき夫婦関係を切って自由な男女関係を築くことが必要だなどと主張していた。

これを『自由思想』は、家父長制の家族制度や男女の関係を根本から問い直す「現代思想界の有力な一潮流を代表せるもの」と、評価した。しかし、家族制度を天皇中心の国を支える基礎にしていた日本国家は危険と判断したのである。

第一号、第二号の連続発禁処分で、秋水と須賀子にはもう第三号を発行する余力がなくなっていた。二人とも満身創痍だった。

第一号事件で起訴された須賀子は一九〇九年七月一〇日、東京地裁刑事二部で発行人と編集人として罰金各五〇円の計一〇〇円の有罪判決を受け、『自由思想』が発行禁止にされ、ついに平民社は同誌の廃刊届けを出さねばならなくなった。閉塞状況を何とか突き破って懸命に、果敢に始めた『自由思想』は結局、二号出しただけで三カ月も持たなかった。当局はさらに弾圧の追い打ちをかける。

七月一五日、警視庁は発禁処分の第一号と第二号を頒布した須賀子を新聞紙法違反で告発し、重い病状のため、絶食して平民社で身を横たえていた彼女を秋水の面前で引き立てていったのだ。

管野女史は、年来肺患に悩んでる身で、〔中略〕過度の労働に服した結果、病勢宜しからず、数日来絶食して臥していたのを起こされて、莞然《かんぜん》一笑して連れて行かれたのは悲壮でした〔中略〕罪犯の次第は分かりませんが、兎に角全国同志を代表し、政府迫害の矢面に立ったものなるは、疑われません。嗚呼、この炎暑、彼病弱、而して鉄窓の下に獄卒《ごくそつ》の呵責、実に之を想うに堪えない。

秋水は全国の同志に訴えた通信で、須賀子の奮闘と病に苦しむ中での理不尽な拘引の様を地団駄踏むように記しているが、弾圧は続く。第二号の事件に対する八月一〇日の判決で、須賀子は発行人兼編集人として各七〇円、計一四〇円、執筆者の秋水には七〇円の罰金が言い渡された。須賀子は第一号の一〇〇円と合わせると二四〇円の多額の罰金を背負うことになった。活動の息の根を止めるような兵糧攻めである。

発禁処分を受けた第一、二号の頒布事件の公判が行なわれた八月二七日の法廷に東京監獄に拘留中だった須賀子が姿を見せた。結核と持病の脳病(脳神経痛か)でほとんど病監に収監されていた彼女の様子を『東京朝日』は「顔は痩せ衰えて真っ青」と描写している。公判では裁判長が発禁になった新聞を頒布するのは不法とは思わないのか、今後も身が倒れても「主義」のために尽すつもりかと問うと、須賀子は撥ね返すように、「不法か何かは知りませぬが、已むを得ないのです」と応じている。新聞紙法違反を問われた記事についても、すでに他の新聞雑誌に載ったものを穏健に書き直したにすぎず、同志や知人に頒布しても問題はないはずだと反論した。そして「社会主義者の為《す》る事と云えば何でも彼《か》でも不可《いけ》ないと云うのは余《あん》りですから、私等は殊更に政府に反抗するのではないが已むを得ないのです」と、当局のやり方を批判した。

記者は須賀子の反論主張を聴きながら「暗に此の主義の為に殉死するも悔いずとの意を仄めかせば」と書いているが、須賀子の覚悟と決意を法廷での陳述から感じ取ったのかもしれない。

発禁された第一、二号頒布事件の判決は九月一日にあり、須賀子は発行人兼編集人として一、二号分、各一〇〇円で計四〇〇円の罰金を科された。先の罰金と合わせると彼女は、罰金だけでも全部で六四〇円、秋水の分を合わせると平民社としては七一〇円にもなった。公務員の初任給(一九〇七年)の一年二カ月分にも相当する大変な罰金だった。もう手も足も奪われて運動は何もできない。判決後にやっと須賀子は釈

幸徳秋水と須賀子の結婚記念写真.

放されたが、四七日間もの病監での拘禁で、病に冒された二八歳の肉体はぼろぼろになっていた。

絶対的な窮境の中で須賀子と秋水の間がより深くなったのは、ごく自然であった。そんな二人への批判が『自由思想』への弾圧の前後から一段と強くなり、若い同志らも去り始めた。一般紙にも須賀子のことを「情婦」「妖婦」などと書かれ、秋水の母・多治からも心配する便りも来たが、二人は動じなかった。

「僕は管野と恋に落ちた」と秋水は公言し、彼女をどんな非難からも守ると言うようになった。二人が結ばれたのは、おそらく六月ごろだと思われる。秋水が多治に須賀子との結婚の報告をしたのは九月六日で、二二日に二人は結婚記念写真を撮っている。型通りの写真だが、鼻筋の通った須賀子の凛とした表情がとてもよく、病気の影は感じられない。五年前に上京した折に撮った写真に比べて、恋のせいか成熟した女性を感じさせる。

見張りの警察官の外には訪れる人もめっきり減った平民社に『東京朝日新聞』記者の松崎天民《てんみん》が訪ねてきた。九月一二日である。三カ月前の六月には、杉村楚人冠が「幸徳秋水を襲ふ」という訪問記を二回にわたって書き、四六時中四人の巡査で秋水を見張る異常さを批判していた。それを読んだ夏目漱石が連載中の「それから」に取り込んだのは、わりあい知られた話である。

天民は、シリーズ「東京の女」で「社会主義の女」管野須賀子を取り上げるために取材にやってきたのだった。一三日付で掲載された記事（第一六回）を読む。

血色の良くない須賀子について天民記者は、まず姿形を読者に伝える。「波模様の帷子《かたびら》に白地に濃藍《こあい》の絞りの帯、庇髪《ひさしがみ》に結った姿は、廿四五位にしか見えぬけれど、実は巳の年の二九歳」。続けて『大阪朝報』記者、『基督教世界』への寄稿、『牟婁新報』の編集担当、『毎日電報』の第一線の婦人記者を務めてきたキャリアを紹介する。社会主義活動に身を投じて「華々しい運動」をしたのは「赤旗事件」が最初だが、社会主義思想は以前から持っていたと思想歴の古さにも言及する。インタビューの中で須賀子は『自由思想』の事件で収監されていた未決女監の女性の労働や、社会主義と女性の問題についても語り、天民記者は、それを巧みに掬い上げている。

気の毒なのは女監の取締りをしている女で、朝八時から翌日の八時まで働き詰め、夫れで薄給なんですから立つ瀬は有りません。社会主義の婦人は東京市内だけで十名位は御座いましょう。最少《もすこ》し婦人の社会主義者が出ますと、婦人問題など妾《わたし》どもの方から唱道して、面白い運動が出来ようかと存じます。社会主義の方は今の良妻賢母主義と全然正反対なんですから。

須賀子の最大の関心が依然として女性の解放と自由にあり、それは良妻賢母主義ではなく社会主義でなければ実現できないと語っているのだ。天民記者は記事の最後で須賀子の思いを代弁するかのようにこう結んでいる。

肺を病んでも、巡査に尾行されても、社会主義のためには、死んでも宜《よ》いと云うのが須賀子女史だ。現代女性気質の一面として、此の事実は何者の威力を以てするも、到底否む事が出来ぬではないか。

比較的に好意的な天民記者の記事には、須賀子が未決監で詠んだ歌一首が直筆で添えられてある。

虫すくう胸を抱きて三尺の鉄窓に見る初夏《はつなつ》の雲

覚悟と愛

『自由思想』が潰されてしまった平民社はもうなす術がなかった。秋水は罰金については郷里の財産を始末するなどで何とか工面したが、須賀子に科せられた四〇〇円という重い罰金には方策がなかった。

一九〇九年一〇月八日のことだった。須賀子は近くの銭湯へ行く途中の路上で突然、気を失ってひっくり返ってしまった。驚いた尾行の巡査が彼女を背負って平民社まで運ぶ騒ぎになった。「赤旗事件」以来のたびたびの入獄、『自由思想』をめぐる警察との攻防、秋水との関係に対する周囲からの中傷まがいの批判などさまざまな問題が津波のように押し寄せ、彼女の痩せ細った病身の身体は悲鳴を上げたのだ。負けず嫌いの須賀子の気丈さも限界を超えてしまった。心配した秋水が一〇月三〇日に京橋区木挽町《こびき》(現・中央区銀座二丁目付近)の加藤時次郎の病院に入院させた。退院したのは一カ月後の一一月三〇日である。

「赤旗事件」後に西園寺政権を一九〇八年七月に引き継いだ桂政権は、社会主義思想と社会主義者への弾圧を続けるとその政綱にまで掲げていた。官憲の平民社監視は二人だけでなく、出入りする人たちを新聞記者であろうがすべてチェックし、着物を脱がせる臨検を続けた。

新聞も雑誌も出せず、手も足も出なくなった秋水らは運動を止めるか、冬ごもりの中で朽ちてしまうのか。過激な不平不満を言い合っても事態は変わらないどころかますます追い詰められるだけだった。残るは弾圧の壁を強行突破していくか、それにはよほどの組織的かつ計画的なプログラム、そして豊かな資金とそれに見合う人がいなくては不可能であった。『自由思想』弾圧の罰金も払えず、同志も少なくなった。秋水らには、何もなかった。あるのは理不尽な国家への叛逆の精神と革命思想だけだった。

追い詰められた秋水の動向を心配したのが、自由党の機関紙『自由新聞』（愛知・尾張）以来、生涯の親友となり、非戦主義にも支援を惜しまなかった小泉策太郎（号は三申《さんしん》、一八七二年生まれ。後に政治家）である。彼は秋水をいったん運動から引き離し、かつ経済的支援のためにと『通俗日本戦国史』（全一〇巻）を書いてはどうかと提案し、説得し、何とか承諾させた。当時兜町の相場師として羽振りをきかせていた三申は財政的な援助は十分に可能で、執筆に専念できるようにと湯河原の一流旅館「天野屋」を確保した。宿代一月二〇円はむろん三申が負担した。

一九一〇年三月二二日、秋水と須賀子は平民社の看板を下ろし、湯河原へと向かった。再び平民社がその新聞名とともに大杉と寒村によって再興されるのは、四年後の一九一四年である（第2章九二頁）。

　こんな山の中で御座います　湯疲れで閉口致して居ります　秋水の著述が完成する迄止まるつもりで御座います　サンセット二号一部御送り下さいませんか　一号頗《すこぶ》る面白く拝見致しました　近日短いものを投稿致します。〔後略〕　三月廿九日　湯河原より　月須賀子が「月」の雅号で、新宮の大石に湯河原から出した絵葉書である。文中の『サンセット』は紀州・新宮町の大石と新宮教会牧師の沖野岩三郎がこの年二月に創刊した文芸誌である。須賀子好みの雑誌だったようで、原稿を送ると書いている。

須賀子はこの葉書で「秋水」と書いている。「先生」ではなく、すでに夫であった。

須賀子が湯河原から出した葉書や書簡は分かっているだけで五通ある。その中に、四月一八日付で東京・滝野川村(現・北区滝野川)の西洋草花店の園丁《えんてい》で、福井・小浜出身で社会主義者の古河《ふるかわ》力作(一八八四年生まれ、「大逆事件」で刑死)に宛てた書簡では、湯河原は、懐が豊かでのんびりと湯治する者にはいいが、手元が淋しい者には「却って一種の苦痛」だと訴えている。書簡の末尾のほうで須賀子は、当時中国湖南省長沙で起きた米騒動に端を発し、各地に広がった農民暴動に熱い血を滾《たぎ》らせる。

長沙の暴動中々盛んで御座いますね　新聞を見て血を沸き立たして居ります　暴動　革命　私は自分の力の足りないのが歯痒くて堪りません　少しく体力を養い少しく警戒の怠たるを待って献身という文字に少しく色彩ある意義ある活動をして終わりたいと絶えず其の方法を考えて居ります

日本でも長沙のような「色彩ある意義ある」活動ができれば、納得いく最後が迎えられるのにという羨望に近い念《おも》いを抱いていた。

須賀子は『自由思想』頒布による罰金四〇〇円を不服として上告していたが、払える見込みが立たず、換金刑で一〇〇日間入獄するために五月一日に帰京した。すでに住まいをたたんでいたので、入獄まで前平民社の斜め前の千駄ヶ谷九〇二番地の出版社社員・増田謹三郎宅の世話になる。

換金刑による須賀子の入獄は五月一八日と決まり、そのころから彼女の情緒はとても不安定になる。三度目の入獄、病苦だけではない。秋水との暫しの別れが耐え難かったのだ。片時も離れたくなかった。秋水はしかし執筆に忙しいのか、なかなか便りをくれない。五月一一日の夜、須賀子はいらいらして当たり散らすような葉書を秋水に出す。

> 昨日も今朝も手紙が来ないが御病気なの　お天気の加減か今日は気分がわるい上胸が痛んで二三時間裁縫をした許り　終日悲観して暮しました　無意義な人生！　私は此の冷たい空気を永く呼吸するのに堪えません　生！　生の苦痛　人間と云うものは何の目的があってこの無意味な悲惨な旅を続けるのでしょう？

須賀子の心は、恋に乱れていた。入れ違いに秋水から手紙が来た。彼女の心はいっぺんに弾けて、ピンクに染まる。すぐに機嫌を直して筆を執る。

> 先刻あの乱暴な手紙を出してから湯に行き〔ま〕したがどうも気分がわるく　夫《それ》にあゝは書いたものの矢張りお手紙が待たれてジリ〳〵しながら涙ぐんで横になって口惜しい様な悲しい様な何とも言われない心持ちで居ると御手紙が来ました

もうすっかり機嫌がなおりました。

うきうきして、こぼれるような胸の裡をわっとぶつける。

優しい懐かしい御筆跡を見ると今迄のムシャクシャ〱して居たのがさっと煙のように消えて了いました　実ハもうどんな優しい手紙を下さっても　こんなに人を苦しめたんだから返事も書くまいこうして黙って入獄してしまおうと決心していたのですが　御手紙を見ると此の通り平に御詫びを書く気になったのです　何という子供らしい馬鹿な人間でしょう　許して下さいね　どうぞあんなに肝〔癇〕癪を起す程アナタの事ばかり思って居たんですから　御分れして以来何だかどうも気分がわるい上恋しいのと淋しいのとで少し病的になって居たのです　もうこれから機嫌よくして五日間ハ毎日手紙を書きます

あなたも屹度《きっと》毎日頂戴ね　入って了えばあきらめるけどどうも自由な間ハ慾が出て仕方ありません

何という素直でいじらしい、可愛いラブレターだろう。身を焦がすほどに恋焦がれている秋水への滾るような思いが飾らずに、偽らずに弾けている。末尾では、再び秋水にぴったりくっつくように書きつける。

あなたが壮健でさえ居て下されば私ハ何年囚えられても又死んでも構いません

今日ハこれで三本目よ

五月十二日　　　　　　　　　　月

なつかしき水さま

須賀子は自己に素直で、ごまかすところが微塵もない。秋水への蕩《とろ》けるような思いに溢れている。かつて須賀子が『牟婁新報』に理想の恋は「情死」と書いて柴庵に叱られた原稿を思い出す。「水さま」ことを秋水は、このとき三九歳。秋水が須賀子にどんな手紙を書いたのかは、分からない。

四日後の一六日付の秋水宛ての手紙には、肺結核の影響だと思われるが、こじれた風邪に苦しんでいた須賀子は「寝て居るよりは寧ろ獄中で寝た方がよい　こゝでグズ〳〵して死ぬよりは(万一)監獄で死んだ方がよい　其の方が多少の意義　そして死其の者に対する慰藉《いしゃ》があります」と書いている。須賀子の胸中に死への強い願望が広がっている。

五月一八日、須賀子は東京監獄の女監に入った。入監時には、彼女はすでに病による獄死を決意していたのではないかとさえ思う。だが彼女の思いとは別にすでに国家は死を送りつけるような権力犯罪の網を拡げ、手繰り寄せつつあった。

須賀子の入獄から一週間たった五月二五日、長野県の製材工場に勤めていた機械据付工の宮下太吉(一八七五年生まれ)と同僚の新田融《ゆう》(一八八〇年生まれ)、それに同県屋代の新村忠雄と兄の善兵衛(一八八一年生まれ)が爆発物取締罰則違反の容疑で同県警松本署と屋代署に逮捕された。三一日には、宮下の「自供」に基づいて容疑が天皇暗殺を謀った刑法第七三条の大逆罪に切り替えられ、検事総長に送致された。続いて秋水と獄中の須賀子、さらに古河力作を合わせた七人の予審開始が決定された。六月初め、秋水の拘束と「陰謀事件発覚」の報道があったが、すぐに厳重な報道管制が敷かれる。捜査の網は、極秘のうちに新宮、熊本、大阪、神戸、岡山など西日本全域に広がり、一〇月二七日までに計二六人が大逆罪で起訴された。いずれも天皇と皇太子暗殺計画への予備陰謀容疑であったが、一般には重大事件が起きているらしいということぐらいしか分からなかった。

『東京朝日新聞』校正記者だった石川啄木はただならぬ事件を知って、その意味や無政府主義について言及した評論「所謂今度の事」を書いた（一九一〇年六月末から七月末の間）が、掲載は見合わせられた。この評論の核心は、思想を権力で抑え込むことは不可能だと喝破しているところである。思想弾圧の不条理を見抜いた二四歳の啄木の卓越した評論に私たちが接するのは、やっと一九五七年になってからである。

換金刑で入獄した須賀子の検事聴取は六月二日から、予審判事の訊問は翌三日から始まり、分かっているだけでそれぞれ三回と一四回に上った。検事聴取によって彼女はきわめて危険なことが起きていると気づく。そこで彼女は思い切った行動に出る。六月九日、獄中で縫い針（と思われる）で白い紙に穴を開けた「針文字書簡」を、『自由思想』事件で担当した横山勝太郎弁護士に出したのである。

爆弾事件ニテ私外　三名近日死刑ノ宣告ヲ受クベシ　幸徳ノ為メニ何卒御弁ゴヲ願フ　切ニ〳〵
六月九日　彼ハ何モ知ラヌノデス

「針文字書簡」を『時事新報』がスクープし六月二一日付で報じた。翌二二日付では、針文字書簡そのものも紙面に掲載した。本物だろうか。そうとすればどのようにして刺青するように穴を開け、それを誰が投函したのか。この書簡には東京監獄の検印が見られないから、看守の協力があったにちがいない。

実は、須賀子は同じ六月九日にもう一通「針文字書簡」を出していたことが二〇〇四年に分かった。『牟婁新報』時代に紙面でやりとりし、「幸徳秋水を襲ふ」の取材で見知った『東京朝日』の杉村楚人冠に宛ててある。楚人冠はこれを筺底《きょうてい》に秘していたために長く分からなかったのである。(2) 内容やスタイルは横山弁護士宛てとほとんど同じだが「死刑ノ宣告ヲ受クベシ」の後が「御精探ヲ乞フ　尚幸徳ノ為メニ弁ゴ士ノ世話ヲ切ニ願フ」とあり、末文の幸徳は何も知らないは同じだった。

換金刑で入獄する際に須賀子には、すでに死への渇望と「覚悟」があった。そこに国家の仕組んだ「大逆事件」がするりと辷《すべ》り込んだ。刑法第七三条に精通していなくても深刻な事件であることは彼女にも分かる。愛する秋水を救わねば——。須賀子の一念が決死の「針文字書簡」を生んだ。針文字の一穴ごとに込められた須賀子の秋水への愛を想うと、胸の中に熱いものが込み上げてくる。

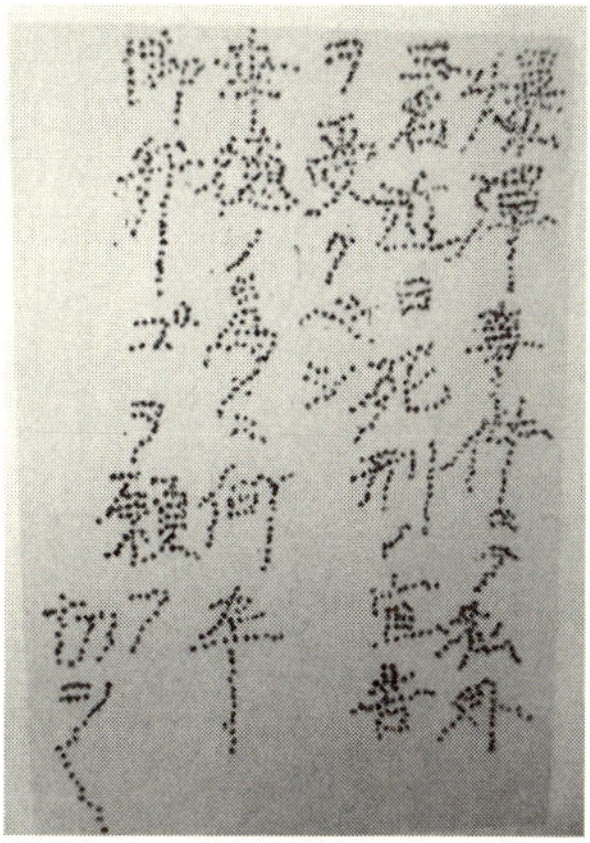

獄中から須賀子が横山弁護士に宛てた「針文字書簡」.

飾らず、偽らず、欺かず

須賀子が「赤旗事件」で国家の暴力を体験し、社会主義者への迫害や弾圧を怒り、何とかしたいという思い、社会主義思想とその革命に「夢」を描いていたことは、彼女のわずかな言動からもうかがえる。彼女のその思いと「大逆事件」を結びつけるには、官憲による供述などに拠らない具体的で客観的な証拠が不可欠である。

愛知県の機械据付け工の宮下太吉が平民社に現れたのは、『自由思想』が弾圧を受けていた六月六日だとされている。彼は、天皇を神と信じているような社会の尊崇意識への強い批判から、「天皇もわれわれと同じ血を流す人間」と分からせるために直情的に爆弾テロを思いつき、須賀子と秋水に暗殺話を持ちかけた。これは供述記録によっている。仮に須賀子が宮下の言に感応したとしても、これによって彼女が暗殺計画を具体的に立案し、仲間を組織し、謀議を凝らしたなどの準備をしたことの証にはむろんならない。何より須賀子が起訴以前の実時間の中で、彼女や同じ被告らの聴取書や供述調書に拠らずに、天皇暗殺のための具体的な計画を立て、行動したという事実を明かす客観的な証拠が不可欠である。

須賀子が胸の病で転地療養、入退院、入出獄などをくり返していたことを私たちは知っている。一九〇九年四月からは『自由思想』の発刊のために大車輪で働き、弾圧に抗し、拘引され、四七日間も獄中にあり、裁判があった。湯河原にも行っていた。天皇暗殺のための具体的な計画を立て、準備し、進めるための時間も余力も、体力もなかった。後世の私たちは、官憲による資料で事件を再構成する陥穽にはまりやすい。

第3章で触れたように(一〇二頁)獄中の秋水が弁護人に宛てた書簡の中で、官憲側の供述調書によりかかって事件を理解することの危うさを指摘していた。だから須賀子自身の語りであっても、それを根拠に事件を再構成すれば、検事のストーリーに吸収されてしまう。秋水の書簡は、現在の冤罪事件にも通じる重大な指摘であった。

自身も事件の関連で検束された築比地仲助は後に語っている。

検挙されて予審調書を取られるときに、計画がはじめて熟したものであろうことは、想像に難くないのである。

これが「大逆事件」の核心の一つである。

一九一〇年一一月一〇日に事件が当局によって公にされると、当時のメディアである新聞は国家権力の流すストーリーに沿って、二六人を「逆徒」と罵り、鞭打った。家族をも。メディアによって形成された社会意識がさらに彼らを長く鞭打ち、石もて打った。須賀子に浴びせられた罵詈雑言の中では、『東京朝日新聞』の松崎天民による一年前の「東京の女」とちがって、大阪時代から多くの男に関係したなどと報じ、「妖婦伝説」が社会的に広まっていった。須賀子がただ一人の女であったがゆえにメディアの女性差別の好餌になったのだが、彼女はそうした「女卑」差別思想と闘ってきたのである。当時のジャーナリストは女性の解放や自由にはまったく無関心で、「国家の嘘」を見抜くどころか、それに彩色をほどこし、社会もそれに同調していった。

「大逆事件」の特別裁判は一二月九日から始まり、ほぼ連日開かれて一六回の公判で二九日に結審した。事件の進行中に元老・山縣が、東京帝国大学法科大学教授の穂積八束《やつか》が関わった社会主義を根絶するための意見書「社会破壊主義論」を明治天皇や主な閣僚らに提出した事実があり、事件の狙いが社会主義思想の抹殺だったことは疑いようがない。具体的な捜査の面でも主任検事の小山松吉が後に行なった講演記録などによって、捜査が起訴に至るまで予断と推論だったことが明らかになっている。

それらすべては「大逆事件裁判」の結審の際に、平沼騏一郎司法省民刑局長兼大審院次席検事が、この事件は思想を裁くのだと胸を張って行なった論告に語り尽くされていた。行為ではなく思想を犯罪にした「大逆事件」の本質を国家自らが明らかにしていたのだから。平沼の論告は、「赤旗事件」での検事論告「被告は社会主義者なるが故に厳罰に処せよ」と同じ主旨で、それがより拡大されたのである。

予備陰謀であっても死刑しかなかった刑法第七三条にかかる事件は、にもかかわらず大審院の一審のみであった。法廷は公判初日から結審まで非公開、一人の証人も採用せず、残さねばならない公判始末書もない。事件の真相を明かし、後世に伝える唯一の公的な訴訟記録が残されなかったこと自体が事件の不可解さ、でたら目さを語っている。

一九一一年一月一八日、判決が下された。須賀子ら二四人は大逆罪で死刑、新村の兄・善兵衛と新田融の二人は爆発物取締罰則違反で懲役八年と一二年の有期刑が言い渡された。翌一九日に「天皇の恩命」で死刑判決の二四人中の一二人が無期に減刑された。その後、五人が自殺などで獄死し、合わせて一七人が非業の死を遂げている。

「大逆事件」については、新宮出身の作家・佐藤春夫が指摘したように「不十分な容疑のうちに二四人《ママ》を起訴して、その半数を絞首台上にのぼし、残りの半数を無期懲役にして獄中で病死や狂死させたという事実の外は〔中略〕何も示されなかった」(『わんぱく時代』)のである。

死刑判決の夜、須賀子は東京監獄女監の独房で居ずまいを正して筆を執る。

死刑の宣告を受けし今日より絞首台に上るまでの己を飾らず偽らず自ら欺かず極めて卒直に記し置かんとするものなれ

自ら「死出の道艸《みちくさ》」(3)と名づけた手記の冒頭の「序」で須賀子はこう記し、田辺の扇ヶ浜の雪の風景などをまわりどうろうに映る絵のように思い返しながら処刑前日の二四日まで綴り続けた(本章扉写真)。この中で須賀子は「犠牲」ということばを刻印するように何度も記している。女性の解放と自由を実現するには無政府主義しかなく、そのために自分たちは「犠牲」になるのだと信じていたかのようだ。「死出の道艸」の一九日のところには、教誨師の沼波政憲《ぬまなみせいけん》(真宗大谷派僧侶)から宗教上の慰安を勧められて「私だけの覚悟があり、慰安がある」と答えた須賀子は、その覚悟についての心境を綴っている。

我等は畢竟此の世界の大思潮、大潮流に先駆けて汪洋たる大海に船出し、不幸にして暗礁に破れたに外ならない。然し乍らこの犠牲は、何人かの必ずや踏まなければならない階梯である。破船、難船、其の数を重ねて初めて新航路は完全に開かれるのである。理想の彼岸に達し得るのである。

須賀子は、自分たちの活動は社会をつくり変えるため(社会革命)の先駆けであり、死刑になるのは大海に出た船が難破するのと同じで、何度も重ねていかねばならない「犠牲」だという。社会革命のための「犠牲」を彼女は重く捉え、イエス・キリストの「犠牲」と復活になぞらえる。

ナザレの聖人出でて以来幾多の犠牲を払って、基督教は初めて世界の宗教に成り得たのである。夫れを思えば我等数人の犠牲位は物の数ではないと思う(末尾の「と思う」この三字は見せ消ち)

キリスト教が世界宗教になったのは、ナザレの聖人イエス・キリスト以来の「犠牲」があったからで、社会主義を目指す（彼女は社会主義と無政府主義の違いを明確に理解してはいなかったようだが）私たちの「犠牲」はたかが知れていると、彼女は判決に抗するように記す。「私は、我々の今回の犠牲は決して無益でない、必ず何らかの意義ある事を確信して居るのである。故に私は絞首台上最後の瞬間までも、己の死の如何に貴重なるかという自尊の念と、兎にも角にも主義の犠牲になったという美しい慰安の念に包まれて、些かの不安、煩悶なく、大往生が遂げられるであろうと信じて居る」。

国家が送りつけてきた死を、「主義」と「覚悟」と「犠牲」で懸命に押し返し、自らを納得させ、美化までしていた。「犠牲」の先に「復活」があり、それがやがて解放と自由を実現する社会主義・無政府主義の広まりにつながっていくと信じた。

須賀子が「ナザレの聖人」に触れているのは、将来的に「主義」が受け容れられていくためにはという文脈であって、彼女自身がキリスト教を「たずき」にして生きていたからというわけではない。けれども彼女がくりかえし語る「犠牲」の精神は、二〇代の初めからずっとキリスト教を信奉していたからであって、それゆえ「ナザレの聖人の犠牲」を自然に呼び出しているのである。須賀子は「主義のための犠牲」の先に「復活」があると確信し、死を受け容れた。キリスト教が世界で受け容れられるために受けてきた幾多の迫害と受難に、自身の死刑判決を重ねた――。ただこれは彼女の信仰の軌跡と「死出の道艸」のわずかな語りからの推測にすぎない。

須賀子は、東京での四年の生活の中で教会へ行っていた形跡はない。妹を失って以後はのめり込むように社会主義活動へ入り、「大逆事件」に遭うまでに二度も監獄に入り、重い結核を抱え、転地療養もしなければならなかったのだから、教会から足が遠のいたのも無理はないだろう。それに教会へ行かないクリスチャンはいくらでもいる。

須賀子は讃美歌が非常に上手かった。築比地の回想によると、平民社へ出入りしていたころ、しばしば絹糸を引くような美しい声の彼女と讃美歌を口ずさんだという。「山路越えて」「花ちり失せては」などを——。そんなとき、秋水は八畳の間で何かしながら聴き入っていたと、築比地は回顧している。

「讃美歌は神への誓いの詞ですから、それを歌うということはクリスチャンである証拠です」。須賀子のキリスト教信仰を修士論文で取り上げた井口智子牧師は、讃美歌を歌う重要な意味をわたしにこう説明し、さらに「キリスト教を捨てていたら、讃美歌は絶対に歌いません」と強調するのだった。

ただ築比地の回想には、讃美歌を歌っていたのは須賀子だけではなく、クリスチャンでなかった同志も含まれている。それでも「死出の道艸」に現れている彼女のことばと讃美歌の話をつないでみると、控えめにみても須賀子はキリスト教への親近感を最後まで持っていたのは間違いないだろう。

死刑は覚悟の上だった須賀子はしかし、刑法第七三条の予備陰謀を構成する具体的な要件について知らなかった。それでも「大逆事件」のお粗末さについては見抜いていた。

> 今回の事件は無政府主義者の陰謀というよりも、寧ろ検事の手によって作られた陰謀という方が適当である。公判廷にあらわれた七十三条の内容は、真相は驚くばかり馬鹿気たもので、其の外観と実質の伴わない事、譬えば軽焼煎餅か三文文士の小説見た様なものであった。（二一日）

須賀子は「作られた陰謀」の組み立てを、法廷での検事や相被告の語りなどから明かしている。

此事件は無政府主義者の陰謀也、何某は無政府主義者也、若しくは何某は無政府主義者の友人也、故に何某は此陰謀に加担せりという、誤った、無法極まる三段論法から出発して検挙に着手し〔中略〕詐欺、ペテン、強迫、甚だしきに至っては、昔の拷問に比しいウツツ責め同様の悪辣極まる手段をとって、無政府主義者ならぬ世間一般の人達でも、少しく新智識ある者が、政治に不満でもある場合には、平気で口にして居る様な只一場の座談を嗅ぎ出し〔て〕、夫れをさも〳〵深い意味でもあるかの如く、総て此の事件に結びつけて了ったのである。

底が割れたような三文芝居の「大逆事件裁判」を見抜いていたのに、彼女は最初から死を覚悟し、それを「犠牲」と美化し、無法と批判しながらも死刑を従容として受け容れた——これが彼女の偽りなき心境だったのではないか。だとしても、わたしはやり切れなさ、切なさから解き放たれない。

「死出の道艸」には、一二六首の短歌が記されてある。死刑を前にやはりさまざまな思いが溢れるように胸中を去来したのだろう、追憶など雑多な歌を脈絡なく詠んでいる。二首だけ引く。

尽きぬ今我が細指に手繰り来し運命の糸の長き短き〔判決直後の心境か〕
燃えがらの灰の下より細々と煙ののぼる浅ましき恋〔どの恋だろうか〕

死刑判決後、須賀子は同志や弁護士ら世話になった人たち一九人にお礼などの葉書、書簡を送っている。その中に記者希望を叶え、その道を歩ませてくれた『大阪朝報』の永江為政が含まれていた。彼女の永江への感謝がそこはかとなく伝わってくる。

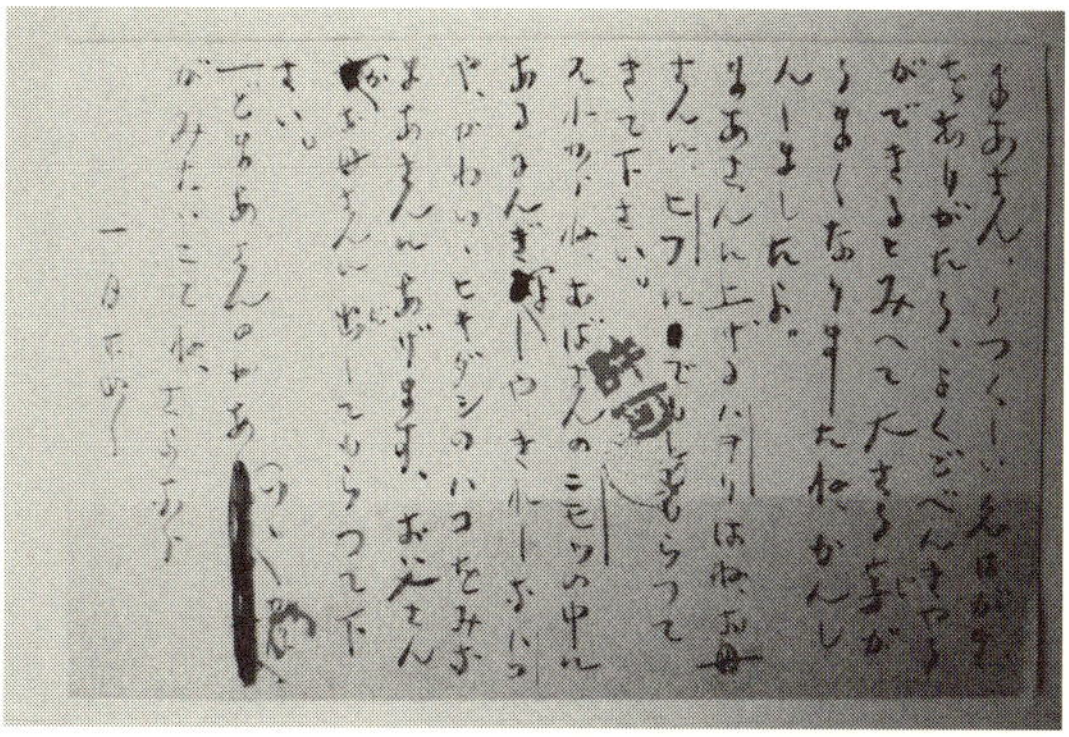

須賀子が獄中から堺真柄宛てに送った最後の葉書.

須賀子は判決翌日の一九日に遺品の宅下げを記している。紋羽二重の羽織を堺の娘の真柄へ、銘仙の単衣を堀保子へなどと。二四日は晴れて寒い日だった。この日判決書が届く。

　針小棒大的な判決書を読んだので厭な気持になった。今日は筆を持つ気にならない。

この日朝から秋水を含む一一人の死刑が執行されているのを須賀子は知らなかった。

須賀子の死刑執行は翌二五日早朝で、絶命は午前八時二八分と伝えられている。

遺体を引き取ったのは増田謹三郎であった。須賀子は寝棺を希望したが容れられず、白布で包まれた木製の座棺に入れられ、二人の男たちが天秤棒で担ぎ、処刑場の牛込区市谷富久町の処刑場

（現・新宿区余丁町の余丁町児童遊園内）からひっそりと運ばれ、増田宅に安置された。二六日の夜だった。それを新聞で知った寒村はいたたまれず、友人の安成貞雄（一八八五年生まれ）に付き添われて増田宅へ行ったが、棺の蓋を開けることが出来なかった。安成がのぞいた須賀子の首には暗紫色の締め付けられた跡があった。目にできなかったそれが寒村の眼のうらにいつまでも残ったという（清水『管野須賀子の生涯』）。

二八日朝、須賀子の遺体は堺の取り計らいで最愛の妹が埋葬されている正春寺に葬られた。土葬であった。それから六〇年後の一九七一年七月、「大逆事件の真実をあきらかにする会」によって彼女の獄中詠「くろかねの……」を刻んだ記念碑が建立された。

キリスト教界はクリスチャンの須賀子が起訴されるとすぐに反応した。一九一〇年一一月一七日号の『基督教世界』の「天籟地声」は書いている。

幸徳の内縁の妻管野某女は曽て基督教信者であったが、堕落して虚無党の群れに投じた者である。概して思想の変化に先立つものは品行である。

吐き捨てるような罵声である。日本組合教会の機関誌だった『基督教世界』は、かつて須賀子の女性解放の主張に共鳴し、刺激を受け、彼女の熱い主張や小説などをしばしば掲載した。けれどこのコラムは、須賀子を「元クリスチャン」として無慚に切り捨てている。彼女の生きぶりや闘いに目を背け、「国家の嘘」に沿って天皇・国家に叛逆した許されざる品行不良の女性として排除してしまった。

宗教団体には、国家からの独立ではなく、逆に国家に寄り添い、国家に睨まれない、そして従順にという組織存立のための自己防衛が、まるで本能のように働く。須賀子に対する排除は、刑死した内山愚童（一八七四年生まれ）、獄中で縊死した高木顕明《けんみょう》（一八六四年生まれ）、獄死した峯尾節堂（一八八五年生まれ）の三僧侶を一九一〇年から一一年にかけて追放して国家に恭順の意を表した曹洞宗、真宗大谷派、臨済宗の仏教界の反応と同じだった。仏教教団は一九九三年ごろからその行為を反省し、謝罪し、それぞれ独自に「名誉回復」をしてきた。わたしは『基督教世界』のコラムを読んで、仏教教団と同じようにキリスト教にも戦争協力・荷担の歴史と無縁ではない深刻な問題が潜んでいると思わざるを得なかった。

一九八八年に出された、キリスト教界では権威ある『日本キリスト教歴史大事典』（教文館）は、管野須賀子の項をこう記載している。「天満教会にて受洗。〇四年平民社に堺利彦を訪ねて社会主義運動に入り、翌年四月棄教」。年月まで明記して「棄教」したという、誤記やミスとは思えない排除の記述に触れて、須賀子を「追った」思想が地続きで生きていると感じないわけにはいかなかった。井口牧師が院生時代に、大学図書館の女性キリスト者コーナーに須賀子の関係書が見当たらなかったという話につながっているようだ。だから天満教会が二〇一四年に須賀子を召天者名簿に入れたのは、彼女の記憶の再生であった。

いっぽうで須賀子を女性テロリストなどと美化を滲ませた言説もある。これも女性の解放と自由の獲得という「革命」に先駆的に取り組んだ須賀子の実像をぼかすことにつながってしまうのではないか。そう思いつつ六〇年以上にわたって「大逆事件」の真実を追ってきた大岩川嫩《おおいわかわふたば》さん（「大逆事件の真実をあきらかにする会」世話人）にその辺りのことを尋ねてみた。大岩川さんは、ほとんど即答した。「須賀子は革命家たらんとしたのだと思いますよ」。

須賀子は道半ばにして二九歳の若さで国家によって命を絶たれてしまったが、女性自身の意識革命をも目指し、ことばどおり「飾らず、偽らず、欺かず」生き切った。

須賀子は「主義」の実現、社会革命の先に女性の解放があると信じた。それはしかし彼女が「死出の旅路」へ向かった後もまだ遠かった。「死出の道艸」の中で彼女は、思想弾圧がいっそう激しくなるだろうと予測している。実際、「大逆事件」後には、思想弾圧の「冬の時代」は一段と強くなり始めていた。

大杉は早くも一九一一年三月一七日に「大逆事件」遺家族慰問の旅に出る。大阪、山梨、長野を回って帰京した二日後の二四日、「冬の時代」を切り拓くために堺らと二回目の合同茶話会を開き、その席で一句詠んだ。「春三月縊り残され花に舞ふ」。彼の痛恨と愛惜の情が詰まった名句である。須賀子の思想を引き継いだように、野枝が舞台を変えて大杉と二人三脚で無政府主義を掲げて理想の社会を目ざして闘い始めるのは六年後の一九一七年の秋ごろからである。しかし「大逆事件」の国家犯罪を追及しなかった、いやできなかったことが野枝らを凄まじい悲劇に巻き込む。

2　一九二三年九月一六日

大胆な書簡

前書きは省きます　私は一無政府主義者です。

野枝が時の内務大臣・後藤新平に出した一九一八年三月九日付の書簡（二〇九頁写真）の冒頭である。昂然とした書きぶりを目にしてわたしは息をのみ、ウムと声を上げた。漢字の書体の迫力にたじろぎ、挟まれている流麗なかな文字に見とれた。野枝の筆は、油を注入された滑車が勢いよくぐるぐると回り出したように奔る。時の権力者の一人、後藤内相を「あなた」と呼んで。

私はあなたをその最高の責任者として　今回大杉栄を拘禁された不法に就いて、その理由を糺したいと思ひます　それについての詳細な報告が、あなたの許に届いてゐることと思ひますが、よし届いてゐるとしても　若しもあなたがそれをそのまま受け容れてお出になるなら　それは大間違ひです。そしてもしもそんなものを信じてお出でになるなら、私はあなたを最も不聡明な為政者として覚えておきます　そして、そんな為政者の前には私共は何処までも私共の持つ優越をお目に懸けずにはおきません。併し、とにかくあなたの糺すべき事だけは是非糺したいとおもひます　それには是非お目に懸つてでなければなりません。（以下、後藤宛書簡はすべて原文のママ）

なぜ野枝は内務省のトップの後藤に「無政府主義者」と名乗って面会を要求する書簡を出したのか。一週間ほど前の三月一日から二日未明にかけてだった。大杉は同志三人と会合の後、吉原の界隈で酔っ払いが暴れて酒場の窓ガラスを壊し、かけつけた巡査らに弁償を迫られているところに遭遇する。彼は仲裁に入り、俺が弁償すると言ってもめごとは治まった。すると巡査が「貴様、社会主義だな」とつっかかってきた。「ああ、そうだ。それがどうした」。大杉は胸を張る。「よしっ、それじゃあ拘引する」「面白い、何処へでも行こう」。大杉ら四人は近くの日本堤警察署へ向かい、そのまま全員が留置場へ入れられた。

翌朝になって同署は前夜の粗相を大杉らに謝り、「黙って帰ってくれ」とお引き取りを願うのだった。四人が帰りかけると、署長が出てきてちょっと待て、と再び留置場に戻された（大杉「とんだ木賃宿事件」）。

事件とも言えない些細な出来事だったが、大杉はアナキストの大物である。日本堤署からの報告を受けた警視庁は、大杉を押さえ込むために職務執行妨害で立件しようとした。四人は東京監獄へ移送されたが、大杉以外の三人は六日になって釈放された。警視庁の狙いが丸見えで、不当な大杉拘禁だった。

野枝には大杉と一緒になって初めての体験である。彼女は狼狽《うろた》えずに事に当たっていくが、内務相に不当拘禁を理由に面会を要求する手紙を直接出すというのは、いかにも野枝らしく大胆である。

書簡の中で野枝は後藤に面会して大杉拘禁の理由など糺したいことをいくつか挙げている。面会には時間は取らせないが、秘書官の代理は御免蒙るとも書いて、えらそうである。

野枝はしかし、「私は大杉の放免を要求するものではありませぬ」し、大杉も拘禁と放免の理由を明かさない限り素直には出ないだろうと書き、「出来るだけ、警察だの裁判所を手こずらせるのが私たちの希ふ処なのです。彼は出来るだけ強硬に事件に対するでせう」と、内相の後藤を脅かすようでもある。理由もなく大杉を拘禁しておくのがどんなに危険かを知らない「政府者の馬鹿を私たちは笑つています。よろこんでいます」とまで書く。

野枝の書簡は岩手県の奥州市立後藤新平記念館に所蔵されており、わたしは二〇一六年四月、同館を訪ねて初めて接することが出来た。書簡の存在は、野枝の全集の編者・故堀切利高が『初期社会主義研究』（二〇〇四年、第一七号）で紹介していたのを読んで知っていた。野枝の直筆は今ではほとんど目にすることはできない。第3章で触れた、「吹けよ　あれよ　風よ　あらしよ」も、大杉栄の甥の大杉豊さん（一九三九年生まれ）によれば今では写真でしか見られないという。書簡は長い巻紙で、学芸調査員の中村淑子《しゅくこ》さんに測定してもらったところ三・九一メートルもあった。記念館が所蔵している後藤宛て書簡二八三二通の中では最も長い。

書簡の封筒は灰色であまり質は良くない。表書きは「麴町区丸の内　内務大臣官邸　後藤新平殿」、赤で「必親展」とある。裏はしかし、「三月九日」とあるだけで、差出人の名はない。書簡の封筒は、縦に引き破られている。後藤宛に来着した書簡はふつう秘書が丁寧に鋏などで開封する。中村さんに訊いてみた。「差出人がなく、親展とありますから、たぶん後藤が誰だろうと手でびりっと開封したのでしょう」。

書簡の巻紙の紙質はやや厚く、それほど良いものではなく、ごくふつう。巻紙を延ばしていくと、圧倒される見事な躍動感のある大きな筆文字が続き、ぐいぐいと読む者を引っ張っていく。枠にはまらない野枝ののびのびとした性格を表したような文字である。上野高女の同級生が、野枝からもらった手紙を見た母に「男から来た手紙」と誤解された話を紹介していたのを思い出す。

「時間をかけて熟考しながら書いたのではなく、一気に書いたものでしょう」。中村さんはそう推測するが、筆の勢いは野枝のその当時の怒りの心がそのまま乗り移っているように感じられる。

長い書簡の終わりのほうで野枝は面会を要求し、昂然と書く。

二三日のうちに、あなたの面会時間を見てゆきます。私の名を御記憶下さい。

そしてあなたの秘書やボーイの余計なおせつかいが私を怒らせないやうに気をつけて下さい。しかし会ひたくなければ、そしてまたそんな困る話は聞きたくないとならば会ふのはお止しになる方がよろしい。その時はまた他の方法をとります。

私に会ふことが、あなたの威厳を損ずる事でない以上、あなたがお会ひにならない事はその弱味を暴露します。私には、それだけでも痛快です。どつちにしても私のほうが強いのですもの。

ここまで書き続けてきた野枝は不意に筆の調子を変える。

ねえ、私は今年廿四になつたんですから、あなたの娘さん位の年でせう?

たしかに後藤の長女・愛は野枝と同い年だった（愛は後年、政治家の鶴見祐輔の妻になる）が、生意気な野枝の書簡に後藤は苦笑したかもしれない。

手紙は最後まで諧謔を滲ませた野枝節であった。

でもあなたよりは私の方がずつと強味をもつてゐます。そうして少くともその強味は或る場合にはあなたの体中の血を逆行さす位のことは出来ますよ。もつと手強いことだつて――

あなたは一国の為政者でも私よりは弱い。

この後に、日付と差出人の名前がフルネームで記され、「後藤新平様」とある。

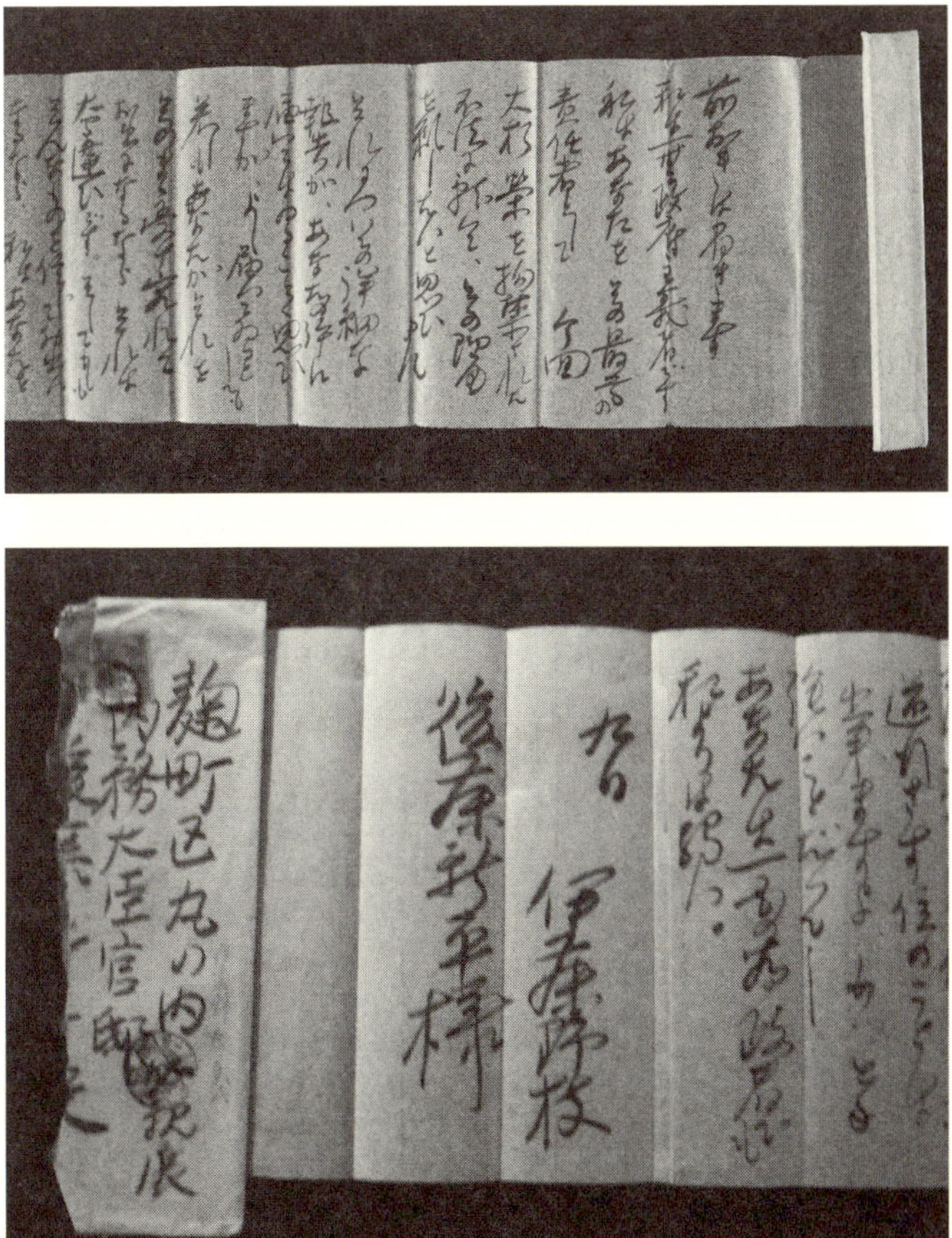

内務大臣の後藤新平に宛てた野枝の書簡（奥州市立後藤新平記念館蔵）.

野枝の書簡からは、ふつうには考えにくい大胆な行動をしているなどという気配はまったく感じられない。畏れもなく、物怖じということばも彼女の辞書にはない。どこかあっけらかんとしている。

野枝が時の権力者に書簡を出したのは、むろんこれ一通だろう。後藤は懐深い政治家で、彼は「日蔭茶屋事件」に関わって野枝の名を知っていただろうし、一年半ほど前に突然訪ねて来た大杉にカンパをしたことも思い出しただろう。野枝は大杉からその話を聞いて書簡を出して見る気になったのかもしれない。そんなことを想像すると、野枝の書簡は愉しくもある。

野枝と後藤内相との「対談」はしかし実現しなかった。いや必要がなくなった。野枝が書簡を出したその日、三月九日午後に大杉が証拠不十分で釈放されたから。

多くの同志らに非難され、村木源次郎を除くほとんどの同志に去られた大杉と野枝は二年近く放浪のように棲家を変え、食べることさえ不自由などん底生活の日々が続いた。ようやく陽射しが戻ってくる気配が見えてきたのは、一九一七年九月一八日に辻との離婚が成ったころからだろうか。

九月二五日には、大杉との間に長女が誕生した。魔子と名づけられた。野枝は「魔子」の名に反対したが、大杉がこだわった。「世間から、悪魔！　悪魔！　と罵られたもんだから」(大杉・伊藤『二人の革命家』の序)と。

村木以外にも孤立していた二人を支援する同志も出てきた。和田久太郎《きゅうたろう》(一八九三年生まれ)、久板卯之助《ひさいたうのすけ》(一八七八年生まれ)らである。この三人は、亀戸に移った大杉宅に同居して運動の担い手になっていく。また山川均と山川菊枝夫妻も良き理解者だった。

魔子が生まれた年の晩秋ごろ、大杉はロシア一〇月革命が起きて暫くしてから運動の機関紙として新しい雑誌『文明批評』の発刊に着手、一九一八年元日付で創刊号を発刊した。大杉はようやく運動を再開したのである。雑誌は発行兼編集人が大杉、印刷人が野枝で、彼女は初めてアナキズム運動の主役の一人として舞台に上った。

野枝は創刊号と第二号(二月刊)に、彼女の生き方に大転回をもたらした谷中村訪問をめぐる小説「転機」を発表した。三号にかかるころに「とんだ木賃宿事件」が起きたのである。この小さな出来事は魔子を抱え、『文明批評』が始まっていたから、野枝の負担は大きかったが、大杉の不在はかえって彼女を鍛え、アナキズム運動家へと変貌を遂げていくエネルギーになった。野枝は毎日、大杉に面会し、後藤内相に書簡を出す前の三月六日と七日には、東京拘置所の未決監の大杉宛に手紙を書く。

大杉が日本堤署に留置されていると聞いたときには「『まあ、此の忙しい最中に、何をつまらない事を仕出かしたのだろう』と少し忌々しい気がしましたわ」と怒ったように書き、「あなたが留守になってからは私にずっとあなたの尾行がつきました。今日も一生懸命荷物を持ったり、俥《くるま》をさがしに走りまわったりしてくれました」と報告している。野枝は、尾行を働かせておしめなどの荷物を持たせ、俥(人力車)さがしに走らせる。

彼女は日本堤署から警視庁、そして東京監獄へと小さな体を転がすようにして走り回った。初めての体験で最初のころは三日間不眠症になり、体が凝って毎朝、起きられないほど辛かったが、こうしてはいられないと思うとしゃきっとし、いい緊張感だと思うようになる。大杉が仮に一年か二年、あるいは三年獄中に入れられたとしても、健康だけが心配で、「私自身にとってはい、修養になる」し、「そうあって欲し

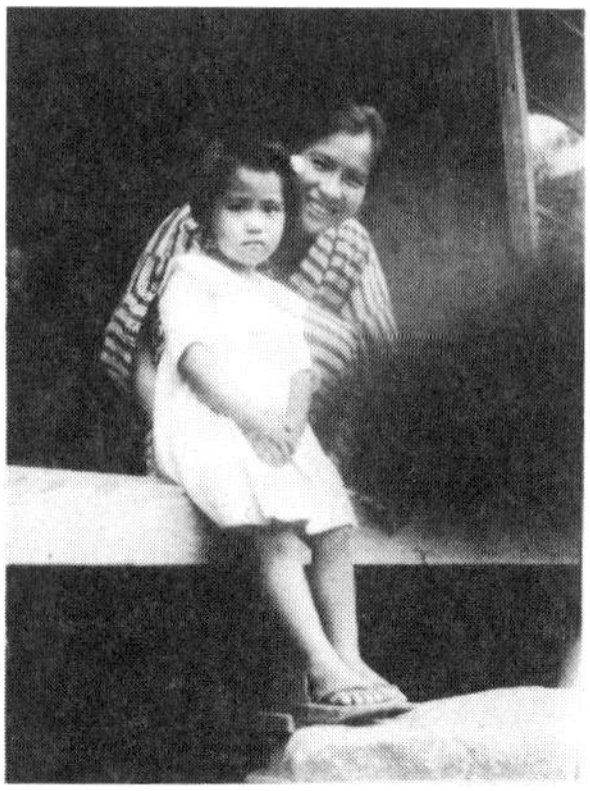

長女の魔子と野枝.

いような気がしないでもありません」とまで書く。

翌七日の手紙には、前日大杉以外の三人が釈放されて、安堵する。大杉の大好きな魔子について「ＭＡＫＯは目をさましてひとりではしゃいでいます」と喜ばせる。『文明批評』第三号の校正にかかると伝え、それが終われればすぐに次号の編集を始めると書き、また新しく始める『労働運動』（一九一九年一〇月創刊、発行兼印刷人・近藤憲二）についても和田、久板と三人で頑張ってやってみると報告する。野枝は残された同志らとの雑誌・新聞づくり、警察・監獄周りをし、充実しているふうで、どんどん新しいことを吸収していく。「私は何よりも、同志の人達の上に緊張した気持ちになるような影響が来ただけでも、本当にいゝ事だったと思います」と、大杉の「事件」に感謝さえするのだった。

野枝が大杉の拘禁で知った面会所についても「面会所って、私は非常に面白い所だとおもいました。何か書けそうですわ」と、貪欲である。実際、後に「監獄挿話面会人控所」という小説に仕立てている。

野枝は『青鞜』時代とはまるで違う世界に入って、アナキストたちの同志になり、自信すら持ち始めた。後藤宛の書簡の冒頭「私は一無政府主義者です」は、そんなわずかな体験だが、直感で動く野枝の体から発せられた「宣言」のようだった。

大杉宛ての書簡は、野枝の愛情が飾らないことばで結ばれてある。

多分明日は会えるのですね。でも彼処《そちら》は大変暗いので、たゞあなたの眼だけがギョロ〳〵光って見えますよ。左様なら。本当に寒くありませんか。何だか寒そうな格好に見えますけれど。

無政府主義の原風景

未決監の大杉宛の野枝の書簡二通は、「獄中へ」のタイトルで、四月の『文明批評』第三号に掲載されたが、読者は読めなかった。製本所ですべてが押収されてしまったからだ。第三号には野枝の思想が大きく転回する最初の契機になったエマ・ゴールドマンとの出会いに感動した「乞食の名誉」も掲載されていたが、これも読者には届かなかった。野枝は大杉とともに国家権力にぶつかりながらアナキズム運動に入っていくが、優れた直感力を持っていた彼女はアナキズムの原風景を故郷に見、そこにアナキズムの理想が「織り込まれている」ことに気づく。野枝は発見した故郷の実景を機関誌の第三次『労働運動』の第一、二号(一九二一年一二月—二二年一月)に「無政府の事実」として描き、ルポルタージュのように報告する。彼女がアナキズムに直接触れた唯一の文章である。

無政府共産主義の理想が、到底実現する事の出来ないたゞの空想だと云う非難を、何《ど》の方面からも聞いて来た。〔中略〕

しかし私は、それが決して『夢』ではなく、私共の祖先から今日まで持ち伝えて来ている村々の、小さな『自治』の中に、その実況を見る事が出来ると信じてい丶事実を見出した。〔中略〕私は、権力も、支配も、命令もない、たゞ人々の必要とする相互扶助の精神と、真の自由合意による社会生活を

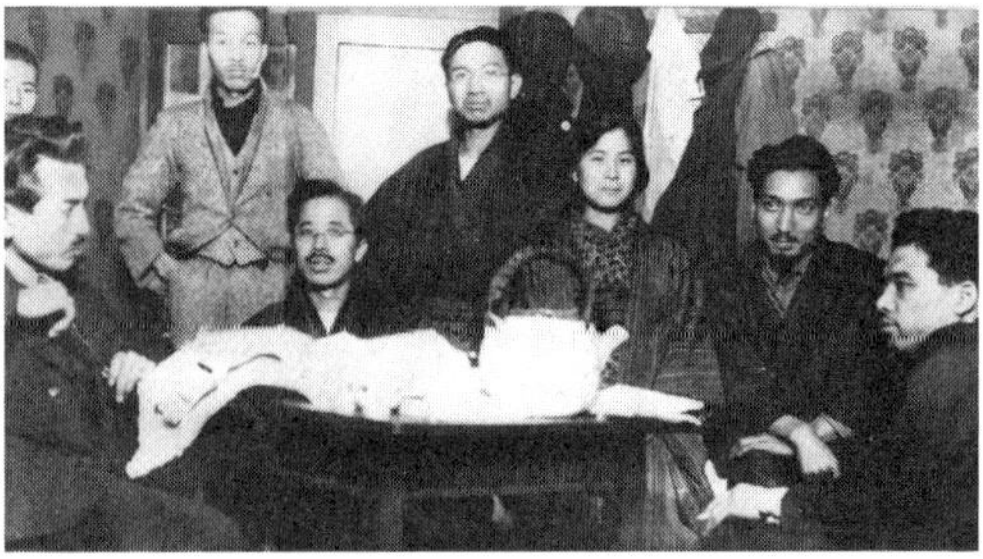

『労働運動』の編集会議．右から2番目より大杉と野枝．

見た。

　こう書き出した野枝は、生まれ育った今宿村の小さな字《あざ》の実態に目を凝らす。字にある六、七〇戸が二、三軒ごとにまとまって六つの「組合」に分かれ、必要に応じてそれが一つになって「連合」する。

　どこかの家に病人が出ると、すぐに「組合」のみんなが駆けつけ、医者を手配し、看病し、手伝い、近親者への連絡をする。誰かが亡くなった場合、すぐに知らせが回り、墓穴を掘り、棺を担ぐ役を決め、葬儀に必要な道具の準備、大勢の食事の世話など一切を「組合」がする。子どもが生まれたら、「組合」の女たちが集まり、産婦が起き上がれるまでの世話をする。

　火の番、神社の掃除、お祭りといった字全体に関係する行事は、六つの「組合」がそれぞれ担当者を出して相談し、決まらない場合は全員の意見を聞く。

　こうしてたいていの日常生活は、「組合」か「連合」の自治によって解決してしまう。村役場は何をしているのかという疑問には「自治と行政は別物」で、役場の仕事は税金、戸籍、徴兵、学校の関係だというのが大方の村民の考えだという。

　野枝は実際に見聞したある家の夫婦が犯した盗みについて「組合」が処理したケースに注目する。

盗みの被害に遭った家と泥棒夫婦は同じ「組合」だった。被害はあちこちの家にもあったので、皆からさんざんとっちめられた泥棒夫婦は二度としないと約束し、再び犯せば「仲間外れにする」ことで決着した。「組合」全員の考え方は、夫妻を監獄へやれば、彼らにも子どもがいるし、親類もあるのだから、その人らへの迷惑も考えなければならない。夫婦にも恥があり、皆の前で謝罪している。これからもここで暮らそうと思っているのだから、仲間外れになるようなことはもうしないだろう——というのだった。

「事件」の顛末は、警察の耳には入らないように十分に注意されている。仲間が罪を被るようなことは喋らないのである。野枝はこの事例を警察という権力が入り込まないように村の平和を守る自治精神だと見る。「村の平和を出来るだけ保護しようとする、真の自治的精神から来た訓練のお蔭だと云っても間違いはあるまい」。

「組合」の最後の懲罰方法の仲間外れ（いわゆる「村八分」）は共同体からの放逐である。この厳しい制裁は、これまで一例もない。「組合」から見放されたら、生きられないが、逆に「組合」の援けがあれば、どんなに貧しくても困らない。

野枝は故郷の自主・自治を高く評価するが、現代の意識や生活感覚からすれば、他者からの干渉、介入が日常的でかなり窮屈で息苦しい。野枝は気づいていないが、神社の修繕費や清掃、祭りなどを「組合」で世話をすることは、まさに習俗で、個人の信教の自由（大日本帝国憲法第二八条は、厳しい条件付きで信教の自由を保障していた）と対立する問題を孕んでいる。共同体社会における個人の自由と排除の問題である。「村八分」が一例もないというのは、排除への怖れがあるからで、同調主義を生む温床にもなる。

それでも二〇世紀の初めの今宿村の日常世界で、権力や権威を排除し、平和、自治、自主、そして相互扶助が、国家に回収されない人びとの生活を成り立たせている、そこにアナキズムの原初的な姿があると発見したところは、野枝の優れた直感力である。故郷の村社会は、「組合」のしばりから自由になって、個人の主体性の尊重を柱にした市民の共同体社会にまで伸びていく可能性を持っていた。一〇年前に無政府主義者を名乗った須賀子の後に登場した野枝がこの先、故郷の「無政府の事実」をどう捉え直し、発展させていくのかを期待させるレポートだった。

コンベンショナルな妻からの自由

日本で初めての女性の社会主義団体「赤瀾会《せきらんかい》」が誕生したのは、一九二一年四月である。世話人は堺利彦の娘・真柄、久津見《くつみ》房子(一八九〇年生まれ)ら四人で、野枝は山川菊枝とともに顧問になった。真柄は一八歳、野枝もまだ二七歳だった。

赤瀾会はこの年五月一日に行なわれた第二回メーデーに初登場したが、警官らに暴力を振るわれ参加者全員が検束された。それを知った野枝は第二次『労働運動』の第一二号(一九二一年六月四日)に「婦人の反抗」と題して、暴力で「人間の心の奥底に萌え出した思想の芽をそう容易につみとってしま」うことなど出来るわけがないと、真柄らにエールを送っている。

赤瀾会は一一月に行なわれた陸軍大演習の際に、民家に分宿した軍隊に反戦、反逆のビラを配り、日本の女性運動では画期的で果敢な行動(軍隊赤化事件)をしたが、真柄は検挙・起訴され、初めて東京監獄に入獄した。そのとき真柄が着ていた紫色の半コートは、管野須賀子が刑死直前に「まあさん(真柄)に上げる」(二〇一頁写真)と宅下げされた遺品の一つ、紋羽二重の羽織を仕立て直したものだった。

赤瀾会の登場のころから野枝は、辻との間では気づかなかった、奇妙な気分が自分の中に棲んでいることに気づきドキッとするようになる。大杉のすることや考えていることがいちいち気になって仕方がないのだ。彼が運動の関係で外へ出かけていても、食事の時間になれば帰ってきてほしい、行き先だってみんな知りたい。何もかも知りたい。彼は執筆に熱中してしまうと、口もきいてくれない、食事のときでさえ相手にもなってくれない。それが不満でたまらなくなる。妻だから？　恋人だから？　それだけではない。私は大杉に何を求めているのだろう。そうか、私は大杉にふつうの家庭のいい旦那様になって欲しいと思っているのだ。私は家の中で何もしていないコンベンショナルな家庭の女になりたがっているのだ。さんざんコンベンショナルと闘ってきたのに何ということか。きっと離れて別々にいればいいのだが、そうなると話し相手がなくて淋しくて仕方がない。情けないなあと思う。私は友だちがいない、欲しいとは思わない。大杉が唯一の友だちだから――。

1921年秋ごろの赤瀾会の会合．右から4人目が野枝，その後ろが真柄．

野枝が偽らざる心の揺れを綴った手紙を豊多摩監獄に入っていた大杉に出したのは、一九二〇年二月末である。前年の一九年五月下旬、大杉は家の近くから退去しない千葉・船橋署の尾行巡査を殴打し、左唇にかすり傷を負わせた。尾行という弾圧が引き起こした事件で、当然不問になった。ところが大杉を潰したい警視庁が二カ月後にそれを蒸し返し強引に起訴、彼は上告審まで争うが結局、懲役三月で豊多摩監獄に入獄した。野枝は大杉が獄中にいた一二月二四日、二人目の女児を出産し、念願のエマと名づけた（エマは生後半年で、子どものいなかった中国・天津住まいの大杉の妹・牧野田《まきのだ》松枝《まつえ》と彦松夫妻の養女となった。野枝は国府津まで松枝を送っていったが、エマとの別れ際「わんわんと大声をあげて泣いた」。幸子と改名されたエマが自分の出自を知ったのは、大杉・野枝亡き後の一五歳のときだった）。

野枝は二人の幼子の母親だが、同時に大杉の妻であり、運動の同志であり、友だちで恋人だと確信していた。盛りだくさんで贅沢な関係だが、野枝は欲張りで、それだけでは満足しない。自分の奥底を覗いたら、根っこにずっと否定してきたコンベンショナルな女がしっかりと棲みついている。それでいいではないかとは野枝は思わない。だから困った。

野枝は「コンベンショナルな夫婦」からの解放、夫婦のあり方を模索し始める。二〇代半ばにして彼女は三度目のコンベンショナルと闘うことになる。今度はアナキストとして、そしてアナキストの妻として。

このころ二人の生活は一時のどん底から這い上がって、原稿料収入などが増えいくぶん楽になり、大杉が豊多摩監獄から出所して一カ月ほどした一九二〇年四月末、鎌倉の訳あり邸宅に、家賃一カ月六〇円で転居した。菊富士ホテルを出てから三年ほどで八回目の引っ越しだ。ここには家族四人に村木源次郎が同居する。邸宅前にできた監視小屋には、大杉に二人、野枝と村木に各一人の四人の尾行巡査がついた。野枝はここでミシンを買い、洋服を作り始め、次の年からは洋装するようになる。

一九二一年一月、第二次『労働運動』を創刊した大杉は第二号を出した後に体調を崩し、一五日に聖路加病院に入院、腸チフスと診断された。多産の野枝は妊娠していて臨月だったが、大きなお腹を抱えてつきっきりで看病した。肺炎の症状も出て大杉は、一時は危ぶまれたが一カ月半ほどで退院する。大杉と野枝が看護婦に送られて聖路加病院を退院していくときの二人の笑顔が飛び切りにいい（本章扉写真）。

三女が生まれたのは大杉が入院中の三月一三日で、二女のエマを養子に出してしまったので再び「エマ」と名づける。むろん野枝の強い要望だ。

野枝が夫婦の間柄について「これでいいのか」と自問し始めたのは、大杉が巡査殴打事件で入獄したころだったが、大杉の一カ月半の入院で野枝は再びこの問題に向き合う。それを『改造』の一九二一年四月号に「『或る妻』から良人へ――囚われた夫婦関係よりの解放」という書信のスタイルで発表した。「或る妻」とは野枝で、「良人」とは野枝が「さかえさん」と呼んでいた（大杉家の手伝い水上ユキ子の話。『海の歌う日』）大杉である。

野枝は「書信」の中で、大杉と一緒に住んでいることが自分を「コンベンショナルな妻」にしてしまった、だからそこからの解放が必要だと考えて、一つの結論にたどり着いたと伝える。それが「離れて暮らす」、つまり別居だった。

一九二二年六月七日、野枝は鎌倉から引っ越した逗子で六度目の出産をした。


六月七日、ぶじ女児を出産しました。ルイズと名づけました。またまた女の子です。仕方ありませんから、婦権拡張につとめます。

叔父の代準介に宛てた野枝の葉書には、行間から男の子が欲しかった溜め息が聞こえてくるようだ。ルイズの名は、勇敢で優しさに溢れたフランスのアナキスト、ルイズ・ミシェルにちなんでいた。ルイが母の葉書を代からもらったのは、彼女が糸島高等女学校を卒業した一九二八年春だったという（松下『ルイズ』）。野枝は辻との間の二人も含めて、この年までの九年の間に六人の子どもを生《な》した。まだ二七歳、二女のエマを出産した直後に体調を崩したくらいで、野枝はたくましかった。

ルイズを産んで四カ月後の一〇月八日、一家は逗子から東京市本郷区駒込片町一五番地（現・文京区本駒込一丁目辺り）の労働運動社に転居する。一〇回目である。転居して一週間ほどして野枝は、エマとルイズを連れて今宿へ帰った。離れて暮らすという「結論」の実践であった。

野枝が実家に帰って一カ月ほどした一九二二年一一月二五日ごろ、大杉がベルリンで開かれる国際無政府主義大会に出席するとの知らせを受け、彼女はエマを叔母の坂口モトに預けてルイズだけ連れて帰京した。大杉が密かに日本を脱出したのは、その年の暮れに近い一二月一一日夜だった。

野枝はしかしわずかな別居の時間に、「コンベンショナルな妻」に安住したがる自身と必死に闘った。

未完の革命

野枝の全集の詳細な年譜には記されていないが、一九二一年七月に来日したイギリスの哲学者でアナキズムに相当のシンパシーを持っていたバートランド・ラッセルが野枝と大杉に会い、その際ラッセルが野枝にいたく心を揺さぶられたという話を大杉豊さんに教えられた。

改造社の招きで日本を訪れたラッセルと、後に妻となるドーラは一二日間滞在した。二人は歓迎攻めに遭い、さまざまな日本の文化人らと会った。石川三四郎、堺利彦、山川均、阿部次郎、和辻哲郎、杉村楚人冠、与謝野晶子……、そして大杉と野枝。ラッセルはしかし日本にあまりいい印象は持たなかった。日本人のマナーが中国人より悪く、押しつけがましいところがあったからだとラッセルは『自叙伝』に記している。そんなラッセルが野枝にだけ非常に好感を持った。大杉以上だったようだ。

「わたくしたちがほんとうに好ましく思った日本人は、たった一人しか会わなかった。それは伊藤野枝という女性であった。彼女は若くそして美しかった。或る有名なアナーキストと同棲していた。〔中略〕ドーラが彼女にきいた――「当局が何かすると思うんですが別に恐れていませんか」と。彼女は喉もとに手を当て、それを横にひいて、首をはねられるまねをしながら言った――「遅かれ早かれ、こうなることはわかっています」と」。

おそらく大杉の通訳か、野枝の片言の英語と身体で示した「覚悟」にラッセルはほとんど感動した。ラッセルらは二十数人に見送られて七月三〇日正午に横浜港から離日したが、『自叙伝』には「アナーキストの大杉氏と伊藤女史が見送りに来てくれた」と二人の名のみ記している。よほど印象に残ったのだ。

「かかさん、わたしは畳の上では死なれんとよ」

ルイは後年、祖母のウメから野枝がつぶやいたことばを聞かされ、母の「覚悟」に粛然とした。野枝がウメに我が身を切るような「覚悟」を口にしたのは、たぶんラッセルと会った翌年の一九二二年一〇月に大杉と「一時別居」して帰郷したときだったにちがいない。

大杉が国際無政府主義大会出席で滞欧していた間、野枝は『女性改造』と『婦人公論』に二本の原稿を寄せた。「私どもを結びつけるもの」と「自己を生かすことの幸福」がそれである。前者は一九二三年四月号、後者は五月号に掲載された。この二本を読むと、野枝がたんに「コンベンショナルな妻」を乗り越えようとしていただけでなく、その先へ進もうとしていることに気づかされる。キーワードはアナキストとしての「覚悟」である。

「私どもを結びつけるもの」では、寛大で、思いやり深く、家事を厭わず、家族をこよなく愛する溢れるような大杉への絶大な愛と信頼を披瀝する。そして自らもアナキストとしての「覚悟」が持てるようになったと語る。自信に満ちた野枝の姿が読者にも見えるようだ。『婦人公論』の「自己を生かすことの幸福」には、一カ月ほどの「一時別居」の中で考えたことを書き込んでいる。

気づいたのは「他人〔大杉〕の生活に影響されるのは、他人の生活に自分が立ち入りすぎる」ことだった。そう考えると楽になっていき、「覚悟」が固まってきた。それでも不安はある。不意に彼が奪い去られたら、悲嘆に暮れるだろう、それを想うとたしかに恐怖である。しかしそれも「覚悟」の問題だ。

「今の世の中の権力者を敵にする私共の生活には、ありきたりの手前勝手な幸福に酔うてはいられないのです」。私たちの本当の心の平静は「不幸を待つような結果を生むような仕事〔運動〕によってしか得られない」。家庭を構え、子どもを育てている以上、出来る限り注意をし、家庭を守り、子どもを保護し、時には他者からも批判されるような気が引けるような安楽を求めるが、それもいよいよという時の「覚悟」が身体の中に落ち着いてからは全く気にならなくなった。

良人に養われるという点についても以前は非常に恥ずべきことと思っていたが、「覚悟」が出来てからは「甘んじて養われています。愛撫も保護も、受けられる間は受け」る。だからと言って「良人に束縛される事はない」。要するに私の生活の目標、信条は「決して、自分を他人の重荷にしない事」である。

世間の妻たちが良しとしている「良妻賢母」は、私の生活の目的ではない。多くの人びとが願う幸福は「本当の幸福だとは信ずることは出来ない」。平凡な幸福に浸り、それに執着し、それに媚びていたら、私たちの求める幸福は永久に逃げてしまうだろう――。

「覚悟」――野枝が「コンベンショナルな妻」を乗り越えたのは、開き直りではなく、アナキストとしての、またその妻の積極的な「覚悟」だった。野枝は玄界灘の波浪を越え、アナキストの矜持を持った。ルイは、長く母である野枝を受け容れられなかった。母と呼べず、第三者的に「野枝」だった。だがこの二つの文章に接したとき、二人の愛と信頼と、そして同志としての緊張感ある生活に奮い立つような感動を覚えた。初めて母を感じた。二八歳の母・野枝を思い描くとき「じつに美しく、輝いて感じる」と、六三歳になっていたルイは胸をときめかせるように記している（『海の歌う日』）。

野枝は懸命になって家庭内の夫との関係を模索しながら、やっと落ち着けるところにたどり着いた。「野枝と大杉はうまくはまったのではないか」。大杉豊さんのことばが、わたしの胸にすっと沁み入ってきた。アナキスト夫妻という、他の家庭における妻と夫の関係と異なるとはいえ、野枝の格闘した「コンベンショナルな妻」の問題は、現在の家庭でも決して特殊なテーマではないだろう。

「自己を生かすことの幸福」は、野枝が書き下ろした最後の原稿になった。

一九二三年五月一日、大杉はパリ郊外でのメーデー集会で演説し、逮捕され、ラ・サンテ監獄に収監、禁錮三週間の判決後ついに国外追放された。七月一〇日、神戸に帰着した大杉を野枝は魔子を連れて出迎えた。七カ月ぶりの再会だった。疲れも見せず大杉と野枝は八月一日、ファーブルが子どものために書いた『科学の不思議』を共訳で出版する。二人の尽きぬエネルギーに驚嘆せざるを得ない。野枝はファーブルの翻訳書を一〇歳になった辻一に贈った。「それが野枝さんのまこと君に対する最後の贈り物」となった。辻の回想のこの部分には、濡れた感じがある。

出版からその四日後の八月五日、野枝らは豊多摩郡淀橋町柏木三七一番地に引っ越す。大杉と親しく近くにいた『読売新聞』編集局記者の安成二郎（一八八六年生まれ。寒村と親しかった安成貞雄の弟。後に労働運動社の近藤憲二と全一〇巻の『大杉栄全集』編纂に協力）に手伝ってもらい、見つけた。家賃は鎌倉の邸宅より高く八五円だった。それだけ余裕が出来ていた。

柏木界隈にはかつて大杉も住み、須賀子や秋水らも住んでいた。同じ番地で裏隣りにロシア文学者の内田魯庵がいた。「大逆事件」を題材に『大阪朝日新聞』の懸賞小説に応募した新宮の牧師・沖野岩三郎の「宿命」に最高点をつけた（一九一七年）のが魯庵であった。安成は魯庵の原稿の清書手伝いなどをした関係で親しくしていた。

野枝と大杉は八月六日、子どもたちを連れ旧知の魯庵を訪ねた。そのときの野枝の様子を魯庵が書き留めている（「最後の大杉」『新編思い出す人々』所収）。

「これが魔子で、これがルイゼで、この外にマダ二人、近日お腹を飛出すのもマダあると言って笑った」「野枝さんの膝に抱かれたぎりのルイゼはマダあんよの出来ない可愛い子で、何をいっても合点々々ばかりしていた。アッチもコッチもとお菓子を欲張って喰べこぼすのを野枝さんが一々拾って世話する処はやはり世間並みのお母さんであった。エンマ・ゴードマンに私淑する危険な女アナーキストには少しも見えなかった」。魯庵にもアナキストは危なく見えたのか。

このとき野枝はたしかに五人目の子どもを宿していた。誕生は三日後の八月九日だった。初めての男の子で、ネストルの名をもらった。大杉が当時執筆中だった、ロシア革命を社会革命にまで導こうとしていた無政府主義将軍ネストル・マフノから取ったのである。

三女のエマが叔母に連れられて今宿から一〇カ月ぶりに帰京したのは八月一六日である。このときに野枝の母・ウメが親しくしていた料理屋の娘の水上ユキ子が大杉家の家事手伝いと幼な子の子守として上京した。

マグニチュード七・九の大激震が関東地方南部を襲ったのは二週間後の、九月一日午前一一時五八分だった。柏木の野枝らの自宅にはそれほど大きな被害はなかったが、関東全域では死者と負傷者がそれぞれ約一〇万人、行方不明者が約四万人に上り、家屋の全半壊合わせて二六万戸、焼失家屋四五万戸、被災者はおよそ三四〇万人という言語に絶する、甚大で凄まじい被害だった。

フランスから追放されて帰国後，自宅でくつろぐ大杉，野枝，娘たち．

政府は九月二日には、枢密院の諮詢を経ずに緊急勅令で東京市に戒厳令を宣告し、翌三日には東京府全域と神奈川県に、四日には埼玉県、千葉県に拡大した。未曽有の惨害に人びとの不安は高まり、社会を揺さぶった。戒厳令の下、翌日ごろから流言蜚語によって東京や横浜などで自警団による朝鮮人や中国人虐殺が始まった。そこに警察や軍が便乗し、虐殺の被害者は朝鮮人だけでも約六〇〇〇人以上に上った（大日方『警察の社会史』）とされるが、公的な悉皆調査がいまだになされておらず被害者の実数は不明である。民族差別とそれをもとにした憎悪を伴う流言蜚語や扇動による虐殺が横行したのだった。

保護検束という理由で東京の各地で社会主義者が次つぎに検束され、大杉の労働運動社のメンバーも病身の村木を除いて全員が駒込警察署に留置された。南葛労働会の平沢計七ら一〇人の労働組合員が亀戸署で軍隊に殺害されたのは九月四日である。社会が異常な状況に陥ると、軍と警察の凶暴性がいっそう剝き出しになる。

九月一六日朝九時過ぎに、野枝は麦わら帽を被り、オペラバッグを手に持ち、大杉は白のスカッとした背広に、中折れ帽を被って家を出た。三人の子どもたちを置いて。二人が出かけるのを魯庵の家人が裏庭の垣根越しに日にした。野枝と大杉は、激震地だった横浜で被災して鶴見に避難していた栄の弟の勇を見舞いに行ったのである。途中で大杉は静岡にいる妹の菊宛ての手紙を投函している。「あやめ〔大杉の末妹〕の一人息子、橘宗一《たちばなむねかず》も鶴見にいるので、自分たちの家は大丈夫だったから連れて帰ろう、〔中略〕とにかく心配〔後略〕」などとあった（『野枝1』「月報④」菅沼「伊藤野枝　はるかなる存在の人」）。

二人が弟家族の無事を確かめ、午後二時半過ぎに宗一（一九一七年生まれ）を連れて電車と徒歩で淀橋の自宅へ向かった。このとき宗一少年は着るものがなく「女の子の浴衣姿」だったという（大杉『日録・大杉栄伝』）。

翌一七日の夜遅く一一時過ぎだった。安成が魯庵宅に駆け込むようにやって来て、大杉らの行方不明を伝えた。

大杉と野枝、そして宗一少年は一六日夕方五時半ごろ、野枝が八百屋で梨を買って自宅に帰り着くほんの少し手前で待ち伏せていた東京憲兵隊の甘粕《あまかす》正彦大尉（一八九一年生まれ）らに検束され、午後七時ごろ大手町の憲兵隊本部に連行された。大杉は午後八時半ごろ、野枝と宗一少年はその一時間後の九時半ごろ、それぞれ扼殺され、裸にされ、畳表で梱包、構内の古井戸に投げ込まれた。上からは瓦礫が埋められた。計画的、組織的で、この上なく残忍な犯行であった。新聞記者の安成が各警察署に訊き回っていたころには、もう凶行は終わっていたのだ。

事件が公表されたのは八日後の二四日で、大杉以外の二人の名は伏せられたが、一〇月八日から始まった第一師団の軍法会議ではじめて野枝と宗一少年の名前が明らかにされた。

軍法会議は一一月二五日まで七回続行され、犯行に関わった五人の軍人に対して一二月八日に判決があった。甘粕に懲役一〇年、東京憲兵隊特高課員の森慶治郎曹長に同三年、他の三人は無罪であった。軍部の関与を十分に想像させるいくつもの証言があったにもかかわらず、判決は甘粕らの自己の信念に基づく個人的犯行として処理してしまったのである。

軍法会議の報道を追っていくと違和感を覚えるのが、国家の実力装置である軍とそこに所属する軍人に対する徹底した批判、怒りが希薄な点だ。いたいけない子どもへの同情はあっても、虐殺が軍人による許し難い国家犯罪だという痛憤が伝わってこないのである。戒厳令下での厳しい報道管制はあったが、わずかに第一回の公判後の『朝日新聞』が陸軍当局を問うているぐらいである(一〇月九日付)。無政府主義は建国の大本を揺るがす国家反逆思想で、無政府主義者の大杉と野枝が混乱の社会では何をするか分からないから、天になり代わって葬ったという甘粕の主張(それは軍部をはじめ国家権力の内部に通じる思想だった)に対する批判も弱かった。

甘粕と軍部への批判の弱さは世論と共鳴し合うところがあり、在郷軍人会などが中心になって進められた甘粕減刑嘆願署名運動に少なくない国民が応じている。一一月二二日の公判で証人調べが終わると、甘粕の弁護人から四谷区民の減刑嘆願の上申書が提出された。その数は五万名だったと一九二三年一一月二八日付の『法律新聞』(第二一八七号)が報じている。当時、四谷区の人口は約七万五〇〇〇人だったから、五万という数字に息を飲む。東京府下だけでも六五万とも伝えられる(山根『問題の人　甘粕正彦』)が、その背後にあった無言の同情や国家の非道を赦す土壌を想うと慄然とする。大正デモクラシー社会のもう一つの貌《かお》だった。遺族に対しても、免罪嘆願書を出すべきだという圧力が執拗にあり、野枝の父の与吉と叔父の代準介がそれを拒否したという(松下『ルイズ』)が、必死の抵抗だったにちがいない。

メディアを通じて増幅されながら流される国家の情報だけによって須賀子らを「逆徒」と叩き続けた「大逆事件」からわずか一二年。「大逆事件」を生み、それを不問にしてきた土壌の中で甘粕事件は起き、進んだ。実際、甘粕事件の弁護人・武富済《わたる》(「赤旗事件」「大逆事件」で検事として管野須賀子を取り調べた)は弁論で、甘粕が公判廷で大杉とともに「大逆事件」の秋水らを憎むと述べたことを明かしている(山根『問題の人　甘粕正彦』)。「大逆事件」と甘粕事件は、「冬の時代」の中でつながっていた。軍の大杉・野枝・宗一少年虐殺とそれを支える思想を徹底的に否定しなかった社会意識は、治安維持法(一九二五年)を生み、張作霖爆殺事件(一九二八年)を許容し、「満州事変」(一九三一年)へと突き進み、軍部が主導権を握っていく流れを後押ししていった。

一〇年の刑だった甘粕は、三年足らずで千葉刑務所を仮出所する。一九二六年一〇月九日だった。その後、彼は渡仏し、一九二九年に渡満、「満州」建国に暗躍、やがて侵略地の満州映画協会理事長に収まる。日本の敗戦の一九四五年八月二〇日朝、甘粕は理事長室で青酸カリを仰いだ。

東京で火葬された野枝らの遺骨は分骨され、代準介らが四人の遺児らとともに今宿まで持ち帰った。遺児らが今宿へ帰着したのは一〇月五日で、殺害から一カ月後の一〇月一六日午後二時から野枝の好きだった今宿海岸の松林の中で、三人の葬儀が伊藤家の宗教の真宗葬で営まれた。

当日は秋晴れの良い天気だった。東京の告別式は遺骨が右翼団体に奪われるなどの事件もあり大きく報じられたが、ここでは野枝の郷里での葬儀の様子を伝えた『福岡日日新聞』から少し引いておきたい。

> 代準介氏は遺児ネストルを栄子《えいし》と改名し之を喪主とする旨挨拶をなし僧侶数名の読経につぎ代氏は先ず野枝の叔母に抱かれたネストルの栄子に代わって焼香し続いて海老茶色の洋服した魔子《ママ》並に灰色の洋装をした可愛らしきエミ子ルイ子等は何れも親類の人達に抱かれ無邪気な眼を瞬《みは》って焼香場に導かれたが親類側は固《もと》より参列者達の袖を絞らぬものはなかった〔中略〕弔辞弔電は遺族側の意志により朗読を為さずに霊前に捧げて式を閉じ同地より一二丁離れた松林間に埋葬した

遺児四人は伊藤家の籍に入れられ、ネストルが栄にされたように魔子は真子に、エマは笑子に、ルイズは留意子に改名された。しかしただ一人の男の子の栄は、一歳の誕生日前の一九二四年八月一五日に肺炎で死去した。

三人の骨が埋葬された松林の墓原に白木の墓標が建てられたが、何者かによって引き抜かれてしまった。翌年八月に松原に巨大な自然石の墓石が建立されたが、無銘だった。この墓石はさまざまな事情で、現在まで三度も移動せざるを得なかったが、現在地はルイがその死の直前の一九九五年に知人の協力で、樹々の間から今宿の海の見える雑木林の中にひっそりと置かれた。

わたしはルイと親しかった福岡の梅田順子さんに案内を乞うた。「ルイさんは、誰にも知られたくない、静かに置いておきたい、それが野枝の希望だと思うからと言われていました」。梅田さんのことばを聞いてわたしは撮った写真も含めて、ルイの気持ちに沿いたいと思った。

虐殺から数えて四九年になる一九七二年九月、名古屋市千種区の覚王山日泰寺で、犬を散歩に連れていた女性が偶然、夏草に蔽われた橘宗一の墓を見つけ『朝日新聞』の「ひととき」欄に投稿した（九月一三日付掲載）(4)。

宗一の父・惣三郎が一九二七年四月一二日、我が子の誕生日に建立していたのである。碑の上部には「宗一（八才）ハ再渡日中東京大震災ノサイ大正十二年（一九二三）九月十六日ノ夜大杉栄野枝ト共ニ犬共ニ虐殺サル」とある。無念さと国家の非道を何としても許さないという遺族の思いの凝縮されたことばに粛然とせざるを得ない。

宗一の墓発見の翌年の一九七三年九月一六日、三人の遺骨が葬られている静岡市の沓谷《くつのや》霊園で虐殺から五〇年の墓前祭が行われ、三年後の七六年九月に荒畑寒村の揮毫で墓誌が完成した。ここでは三人が虐殺された日の前後に、市民らによって毎年墓前祭が行なわれている。

墓誌完成の一カ月前だった。一九七六年八月二六日付の『朝日新聞』の社会面トップに「扼殺だった大杉栄」「半世紀ぶりに「死因鑑定書」発見」「ひどい暴行、胸に骨折」の記事が出た。田中隆一軍医（一九三九年日中戦争で戦死）が、九月二〇日午後三時半から翌二一日午前一一時二六分まで二〇時間かけて三人の遺体を解剖し、死因鑑定書を書いた。その写しを軍医の妻・敏子が保存していたのである。わたしはルイと親しくしていた大阪・箕面《みのお》在住の古川佳子さんから「ルイさんから頂いたので」と鑑定書写しを頂戴していた。罫紙二三枚に書かれた鑑定書を読み進めると、あまりの酷さに何度も眼を閉じた。胸が締めつけられて苦しくなる。「鑑定ノ総括」のごく一部だけ書き留めておきたい。

男女二屍ノ前胸部ノ受傷ハ頗ル強大ナル外力（蹴ル、踏ミツケル等）ニ依ルモノナルコトハ明白ナルモ（中略）此ハ絶命前ノ受傷ニシテ又死ノ直接原因ニ非ズ　然レ共死ヲ容易ナラシメタルハ確実ナリ。

軍医の淡々とした記述が、振るわれた凄まじい国家暴力への想像力を飛翔させ、堪え難くなる。ルイはしばらく読めなかったと、松下に語っている。なのにわたしは、野枝の甥の伊藤義行さんに、鑑定書を読まれましたかと尋《き》いた。虐殺から九〇年以上、鑑定書発見から三九年経った二〇一五年の師走のある日だった。

「死因鑑定書ですか？　ええ、もちろん持っています。でも、とても読めません」

義行さんは首を横に振って、言下にそう言った。心なしか声が震えているようだった。後は緘黙《かんもく》が続いた。野枝の好きだったすぐ近くの今宿海岸の波の音がかすかに届いてきた。野枝も、大杉も、そして宗一少年も国家の手で虐殺されたという決定的な事実を、わたしは改めて胸に刻む。

野枝が求め、描いた理想は「無政府の現実」で書いたように故郷・今宿村の、権力も権威もない、自主自治の行なわれていた相互扶助の共同体社会を発展させ、個人の尊重を主体にした市民社会の実現だっただろう。そこにこそ自由と平等があると信じていたから。それを求めることは、やはり「革命」であった。そんな社会を目指して、恋人、友人、同志の大杉と一緒にひたぶるように走り始めてわずか六年、可能性のいっぱいあった野枝は「未完の革命」を抱いたまま若い生を、須賀子と同じように国家の暴力によって踏みしだかれてしまった。

ルイは、野枝と大杉が最後に住んでいた淀橋町柏木の家で手伝いをしていた水上ユキ子に一九七三年秋、五〇年ぶりに再会した。彼女は二歳だったルイを抱いて、代らとともに福岡まで連れて帰ってくれたのだった。ユキ子はしかし、大杉・野枝の家にいたことをひた隠しに隠した。名乗りを許さないような社会に怯え続けた。再会したユキ子から言われたことばをルイは忘れられず、記憶の糸巻に巻きつけた。

「野枝さんは偉かった、私は大杉さんより野枝さんのほうが偉かったと思う」

野枝の単独の墓碑はない。野枝の生きぶりとその闘い、そしてそれを暴力で踏みしだいた国家の非道の記憶を再生し、語り続けることこそが彼女にとっての墓碑なのではないか。わたしはそう思う。「冬の時代」を、飾らず、偽らず、欺かずに、生き、闘い、殺された管野須賀子を憶えるように——。

注

(1) 秋水は最初の結婚については、何も書き残していないが、その事実を報じたのは一九八二年七月九日付『朝日新聞』だった。西村ルイについては、前四万十市長で「幸徳秋水を顕彰する会」顧問の田中全氏による調査研究が進んでいる。その一部は『大逆事件の真実を明らかにする会ニュース五五号』(二〇一六年一月)などに詳しい。

（2）千葉県我孫子市に住んでいた楚人冠の遺族から同市教育委員会に寄託された関係資料の中から、市教育委員会嘱託の現代史研究者・小林康達氏が二〇〇四年秋に発見した。

（3）「死出の道艸」は、神崎清が一九四七年七月に銀座の人民社を訪ねた折に佐和慶太郎社長から渡された秋水や森近らの獄中手記の中にあった。青線の和罫紙六一枚に綴じられ、看守長の検印のあった表紙、序各一枚、本文四一枚、残り一八枚は白紙だった。手記は筆書き。「堺へ下付願」と書かれてあったが、長く監獄関係者の手に保留されていたらしい（神崎『大逆事件記録　第一巻』解説）。

（4）「ひととき」欄は東京本社の縮刷版にはなく、名古屋本社にしか掲載されなかったようだ。また掲載原稿には碑文中の「犬共ニ」の三文字が落ちていた。記者による故意かケアレスミスか、あるいはデスクが削ったのか今となっては分からない。

エピローグに代えて　ふたたび須賀子さん、野枝さんへ

須賀子さん、野枝さん、いかがでしたか。

わたしは、出会うことを断ち切られたあなたがた二人が「冬の時代」という困難な時代をたじろぐことなく、自由に生き切った生と死を、二〇世紀のとば口の同じ舞台にのぼして、交わらせるように描き、声を聴き、記憶を再生しようとしました。わたしがあなたがた二人のつなぎ手となり、対話しながら。時に、本当はどうなんですか、須賀子さん？　少しやりすぎではありませんか、野枝さん？などとつぶやいて。

須賀子さん、野枝さん、わたしはあなたがた二人に伴走しながら、外連味《けれんみ》ない生きぶりに揺さぶられ、ずんずん惚れていきました。だから須賀子さん、野枝さん、あなたがたがこれからという生を絶たれたことが腹立たしく、悔しくてなりません。

須賀子さん、野枝さん、それでもあなたがたは三〇歳にも満たない短い生涯の中で、ありったけの文章を書き残されました。それらは、人は社会の中でどう生き切るかを語った、女たちだけでなく、男たちを含めた「私たちへの遺書」です。ですから須賀子さん、野枝さん、私たちは折につけてあなたがた二人を読み、明けぬ夜から朝を見て駆けぬけたあなたがたの生の記憶を再生し続けなければと思います。

この作品は、そんな想いをつめたわたしの須賀子さん、野枝さんへのラブレターです。

歩いて書くというわたしのスタイルは、心に沁みる出会いをもたらしてくれる。伊藤義行さんから借覧した野枝の三女の故野沢笑子さんの歌集『天衣』を繰りながら、父母のことを声高にも、あらわにも詠まなかった彼女が、野枝の母である祖母・ウメの胸奥を詠った一首に触れて黙然とした。

わが母を夢に見ざりしといふ祖母の如何にか耐へしその悲しみに

＊　＊　＊

井口智子さんの修士論文とは「目からウロコ」のような邂逅だった。須賀子が田辺へ向かう船中で出会った、後年の嶋中秀の手紙の写しを杉中浩一郎さんから頂戴したのも出会いの一つだった。「大逆事件」の生き字引の大岩川嫩《ふたば》さんには多くの教えを受けた。ありがとうございました。大杉豊さんにはことばに尽せぬほどの深いお話をたくさん聞かせていただきました。

管野須賀子の実像を初めて明かした大谷渡さん、須賀子の全集を編まれた故清水卯之助さん、そして伊藤野枝の全集をまとめられた故堀切利高さんの業績に支えられて本書がなったことを、感謝を込めて特記しておきたいと思います。

こうした方がたを含め多くのみなさんの援助、協力、支えのおかげで年来の宿題にささやかながらこたえられました。以下にお名前を記し、お礼に代えさせていただきます。

井口智子、池田一、伊藤和則、伊藤義行、梅田順子、大岩川嫩、大内士郎、大杉豊、梶原得三郎、北村

健治、北村英雄、小池善之、後藤護、杉中浩一郎、立石泰雄、田所顕平、谷合佳代子、辻本雄一、中村淑子、春名康範、古川佳子、松永成太郎、森山誠一、山泉進、山内小夜子、山本健一のみなさん。また奥州市立後藤新平記念館、大阪産業資料労働館、国立国会図書館、田辺市立図書館、町田市立中央図書館、神奈川県立図書館、横浜市立図書館、千葉県立図書館、福岡県立図書館、東京大学明治新聞雑誌文庫など多くの資料館・図書館のご協力をいただきました。

編集を担当して頂いた田中宏幸さんには、岩波新書『憲法九条の戦後史』以来ずっとお世話になってきました。今回はしかし、さまざまな事情から非常に厳しいスケジュールになりましたが、多くの無理をきいていただきました。本当にありがとうございました。

二〇一六年九月一六日、伊藤野枝、大杉栄、橘宗一が国家に虐殺された日に

田中伸尚

主な参照資料

（著者・編者五十音順　サブタイトルは一部略した）
紙幅の都合でごく一部に限った．新聞・雑誌は割愛した．

我孫子市教育委員会編刊『針文字書簡と大逆事件展』(2010)
荒木傳『なにわ明治社会運動碑　下』(柘植書房　1983)
荒畑寒村『新版寒村自伝　上下』(筑摩叢書　1965)
荒畑寒村『寒村茶話』(朝日新聞社　1976)
荒畑寒村『荒畑寒村著作集 1』(平凡社　1976)
安藤精一編『紀州史研究 2』(国書刊行会　1987)
石井歓『舞踊詩人　石井漠』(未来社　1994)
石川啄木『石川啄木全集　第 1，4 巻』(筑摩書房　1978，1980)
井手文子・堀切利高編『定本　伊藤野枝全集　全 4 巻』(學藝書林　2000)
井手文子『自由 それは私自身　評伝・伊藤野枝』(筑摩書房　1979)
井手文子・堀切利高編解説『「青鞜」解説・総目次・索引』(不二出版　1983)
伊藤ルイ『海の歌う日』(講談社　1985)
伊藤ルイ『虹を翔ける』(八月書館　1991)
伊藤ルイ追悼集刊行委員会編刊『しのぶぐさ』(1997)
絲屋寿雄『管野すが』(岩波新書　1970)
岩崎呉夫『炎の女　伊藤野枝伝』(七曜社　1963)
内田魯庵著，紅野敏郎編『新編　思い出す人々』(岩波文庫　1994)
うみの会編刊『この世に希望と解放そして平和の思いを――ルイさんの遺言』(1996)
江刺昭子『女のくせに――草分けの女性新聞記者《ジャーナリスト》たち』(インパクト出版会　1997)
大阪人権博物館編・刊『博覧会――文明化から植民地化へ』(2000)
大沢正道代表編『大杉栄全集　第 14 巻』(現代思潮社　1965)
大杉栄全集刊行会編刊『大杉栄全集別冊　伊藤野枝全集』(1925)
大杉栄・伊藤野枝『二人の革命家』(黒色戦線社　1985)
大杉栄・伊藤野枝選集刊行会編刊『大杉栄・伊藤野枝選集　第 3，10，11 巻』(黒色戦線社　1988，1989，1991)
大杉栄著，飛鳥井雅道校訂『自叙伝・日本脱出記』(岩波文庫　1971)
大杉栄らの墓前祭実行委員会編刊『沓谷だより　第 1-20 号』(1990-2003)
大杉栄らの墓前祭実行委員会編刊『沓谷だより特別号　自由の前触れ』(1993)
大杉栄研究会編，飛鳥井雅道解説『大杉栄書簡集』(海燕書房　1974)
大杉栄『ザ・大杉栄――大杉栄全 1 冊』(第三書館　1986)
大杉豊編著『日録・大杉栄伝』(社会評論社　2009)
大塚有章『新版　未完の旅路　第 6 巻』(三一新書　1976)
大野みち代編『人物書誌大系 3　幸徳秋水』(日外アソシエーツ　1982)

主な参照資料

大谷渡『管野スガと石上露子』(東方出版　1989)
荻野富士夫『特高警察』(岩波新書　2012)
大日方純夫『警察の社会史』(岩波新書　1993)
學藝書林編刊『定本伊藤野枝全集月報①-④』(2000)
神崎清『大逆事件　全4巻』(あゆみ出版　1976-77)
神崎清編『大逆事件記録　第1巻　新編獄中手記』(世界文庫　1964)
幸徳秋水全集編集委員会編『幸徳秋水全集　別巻1』(明治文献　1972)
幸徳秋水全集編集委員会編『幸徳秋水全集　補巻　大逆事件アルバム』(明治文献　1972)
国際啄木学会編『石川啄木事典』(おうふう　2001)
子安宣邦『「大正」を読み直す』(藤原書店　2016)
近藤憲二『一無政府主義者の回想』(平凡社　1965)
近藤真柄『わたしの回想　上下』(ドメス出版　1981)
斉藤英子『安成二郎おぼえがき』(新世代の会　1998)
堺利彦著　川口武彦編『堺利彦全集　全6巻』(法律文化社　1970-71)
佐藤春夫『わんぱく時代』(講談社　1958)
塩田庄兵衛・渡辺順三編『秘録大逆事件　上下』(春秋社　1959)
塩田庄兵衛編『幸徳秋水の日記と書簡　増補決定版』(未来社　1990)
清水卯之助編『管野須賀子全集　全3巻』(弘隆社　1984)
清水卯之助『管野須賀子の生涯――記者・クリスチャン・革命家』(和泉書院　2002)
社会文庫編『社会主義者無政府主義者人物研究史料1』(柏書房　1965)
初期社会主義研究会編刊『初期社会主義研究　創刊号-23号』(1986-2011)
白仁成昭編『捨て石埋め草――近藤千浪遺稿集』(『捨て石埋め草』編集委員会　2010)
人文社編集部企画・編集『古地図・現代図で歩く　明治大正東京散歩』(人文社　2003)
杉中浩一郎『紀南雑考』(私家版　1981)
杉中浩一郎『熊野の民俗と歴史』(清文堂出版　1998)
鈴木裕子編『資料　平民社の女たち』(不二出版　1986)
関口すみ子『管野スガ再考』(白澤社　2014)
専修大学今村法律研究室編『大逆事件　全3巻』(専修大学出版局　2001-2003)
総合女性史研究会編『史料にみる日本女性のあゆみ』(吉川弘文館　2000)
大逆事件の真実をあきらかにする会編刊『大逆帖』(1981)
大逆事件の真実をあきらかにする会編著「大逆事件の真実をあきらかにする会ニュース　第1-55号」(1961-2016)
代恒彦『代準介自叙傳　牟田の落穂』(私家版　原本『牟田の落穂』の抜粋　1958)
竹西寛子編『野上弥生子随筆集』(岩波文庫　1995)
田所双五郎『明治初期の紀南キリスト教　田辺教会史』(日本基督教団田辺教会　1974　非売品)

田中伸尚『生と死の肖像』(樹花舎　1999)
田中伸尚『大逆事件——死と生の群像』(岩波書店　2010)
辻潤『絶望の書・ですぺら』(講談社文芸文庫　1999)
角田房子『甘粕大尉　増補改訂』(ちくま文庫　2005)
辻本雄一『熊野・新宮の「大逆事件」前後——大石誠之助の言論とその周辺』(論創社　2014)
天満教会百年史刊行委員会編『天満教会百年史』(日本基督教団天満教会　1979)
富坂キリスト教センター編『近代日本のキリスト教と女性たち』(新教出版社　1995)
鍋島高明『幸徳秋水と小泉三申』(高知新聞社　2007)
成川ムツミ『白蕣—室井巌遺文集—』(私家版　1975)
日本キリスト教婦人矯風会編『日本キリスト教婦人矯風会百年史』(ドメス出版　1986)
日本キリスト教歴史大事典編集委員会編『日本キリスト教歴史大事典』(教文館　1988)
野沢恵美子『歌集　天衣』(ながらみ書房　1988)
林茂・西田長寿編『平民新聞論説集』(岩波文庫　1961)
平塚らいてう『現代の男女へ』(南北社　1917)
平塚らいてう『わたくしの歩いた道』(新評論社　1955)
平塚らいてう『元始，女性は太陽であった——平塚らいてう自伝　全4巻』(大月書店　1971-73)
堀切利高編著　『野枝さんをさがして』(學藝書林　2013)
堀場清子『青鞜の時代』(岩波新書　1988)
堀場清子編『『青鞜』女性解放論集』(岩波文庫　1991)
松尾尊兊編・解説『続・現代史資料Ⅰ　社会主義沿革1』(みすず書房　1984)
松下竜一『ルイズ——父に貰いし名は』(講談社　1982)
松下竜一著，新木安利・梶原得三郎・藤永伸編『暗闇に耐える思想——松下竜一講演録』(花乱社　2012)
森長英三郎『風霜五十余年』(私家版　1967)
安成二郎『無政府地獄—大杉栄襍記』(新泉社　1973)
矢野寛治『伊藤野枝と代準介』(弦書房　2012)
山泉進編著『大逆事件の言説空間』(論創社　2007)
山川菊栄『女二代の記』(日本評論新社　1956)
山極圭司ほか編『木下尚江全集　第16，20巻』(教文館　1997)
山根倬三『問題の人　甘粕正彦』(小西書店　1924)
山室信一『キメラ——満洲国の肖像』(中公新書　1993)
B・ラッセル著　日高一輝訳『ラッセル自叙伝Ⅰ』(理想社　1971)
吉川守圀『復刻版　荊逆星霜史』(不二出版　1985)
和田久太郎『獄窓から——真正版』(黒色戦線社　1988)

写真出典・提供一覧

《管野須賀子に関するもの》
第 1 章扉(上)：杉中浩一郎氏提供
第 2 章扉(上)：山泉進氏提供
第 3 章扉(上)：清水『管野須賀子全集』
第 4 章扉(上)：朝日新聞社提供
p. 147：幸徳秋水全集編集委員会『幸徳秋水全集　補巻　大逆事件アルバム』
第 5 章扉(上)：神崎『大逆事件記録　第 1 巻　新編獄中手記』
p. 184：大岩川嫩氏提供
p. 193：『時事朝報』1910 年 6 月 22 日付
p. 201：大逆事件の真実をあきらかにする会『大逆帖』

《伊藤野枝に関するもの》
第 1-3 章扉(下)，p. 116，p. 126，第 5 章扉(下)，p. 212，p. 214，p. 225：大杉豊氏提供
第 4 章扉(下)：『大阪毎日新聞』1916 年 1 月 3 日付
p. 209：奥州市立後藤新平記念館蔵
p. 217：『歴史写真』1921 年 10 月号

田中伸尚
1941年東京生まれ．慶應義塾大学卒．朝日新聞記者を経て，ノンフィクション作家．『ドキュメント　憲法を奪回する人びと』(岩波書店)で第8回平和・協同ジャーナリスト基金賞．明治の大逆事件から100年後の遺族らを追ったノンフィクション『大逆事件――死と生の群像』(岩波書店，のちに岩波現代文庫)で第59回日本エッセイスト・クラブ賞．『靖国の戦後史』(岩波新書)，『いま，「靖国」を問う意味』(岩波ブックレット)，『囚われた若き僧峯尾節堂　未決の大逆事件と現代』(岩波書店)，『ドキュメント昭和天皇』全8巻(緑風出版)，『反忠　神坂哲の72万字』(一葉社)，『これに増す悲しきことの何かあらん』(七つ森書館)，『不服従の肖像』(樹花舎)など個人の自由と国家の関係を問う著書多数．

飾らず，偽らず，欺かず――管野須賀子と伊藤野枝

2016年10月21日　第1刷発行
2018年4月16日　第2刷発行

著　者　田中伸尚《たなかのぶまさ》

発行者　岡本　厚

発行所　株式会社　岩波書店
〒101-8002　東京都千代田区一ツ橋2-5-5
電話案内　03-5210-4000
http://www.iwanami.co.jp/

印刷・精興社　製本・松岳社

ISBN 978-4-00-061156-5　　Printed in Japan